人と生まれて
人間の使命

池田 志柳

東京図書出版

はじめに

本書の出版を感謝致します。

初版以来四刷ですが、業界の方針で出版会社が変わると初版に戻り本誌の内容は同じでもタイトルに変化をつけることを要するとされ今回は「人と生まれて」を添えました。多種多様存在する生物のなかで万物の霊長・最高傑作と言われる人間に生まれられたことはこの上ない稀有な恩恵です。この本にご縁ある方々に、しっかり正しいマトを狙い健康で目的達成や希望成就・楽しい日々を重ねられ充実した人生にして頂きたく祈念しながら書かせていただきました。

目を覆《おお》いたくなるような青少年の犯罪《はんざい》の陰《かげ》に、その子たちが育ってきた環境《かんきょう》、家庭があります。家庭でその子に何を伝えられたかが大きく影響《えいきょう》すると思います。

「しょせん人間なんて、親の私たちのようにしか生きられない、つまらない存在《そんざい》だ」と表現《ひょうげん》しながらの家庭生活だったか、「人とは、イエス様のようになれる聖《せい》なる力、ノーベル賞を受けられるような発明《はつめい》・発見《はっけん》する能力、人を陶酔《とうすい》させるような名曲を作る才能《さいのう》が内蔵《ないぞう》されている、他の生物とは比較《ひかく》できない素晴《すば》らしい存在だ」と自覚《じかく》し認《にん》識《しき》させながら生活してきたかで、結果はまったく異《こと》なります。

何を考えて生きて来たかは、ある時点までくると、はっきりとした結果になって表われます。いつか、狼《おおかみ》に育てられた子どもの実話《じつわ》が報道《ほうどう》されたことがありました。発見された時、少年は四つん這《ば》いで走り、前足の役をしている両手で食べ物を押さえ、口をそこに持っていって食べ、狼の鳴《な》き声《ごえ》で暴《あば》れ、爪《つめ》で引っかき回したというのでした。

幼い時に、自分の親は狼だと信じ、狼のすることを見てまねて育ったのです。自分が人間であるということ、人間の本質《ほんしつ》は素晴らしいということをまったく知らなかったのです。

この本には、人として生まれてきた意義《いぎ》、使命《しめい》、この世を卒業したらどうなるのだろうかなどについて、真冬の百日間の水行《すいぎょう》、何年も続けてきた公衆トイレの早朝清《せい》掃《そう》、通学路になっているガード下や地下道の清掃奉仕《ほうし》、宇宙の知恵、自然の法則である「真理」をまとめた冊子《さっし》を全国三〇〇〇校の小中学校へ寄贈《きぞう》することなどを通して、得たものを書かせていただきました。

本書をお手に取って下さった方は、同時に刊行させていただいた『大好転』も是非ご覧下さい。この二冊は今の生活の中の疑問に明解《(快)》に答えを出し、安らぎのある明るい人生を築いてくれると信じます。自分の人生をもっと真剣《しんけん》に考えてみたいと思われていた方、納得《なっとく》して生きたい、楽しく生きたいと思われていた方に、ぜひご一読《いちどく》願いたいです。

目次

第3章　人生で大切なこと

第4章　習慣が生むもの

第5章　生命の不思議

童話イラスト　勝部由美

第1章

心を見つめる

とっさの時に出る本心

常日頃何が心を占めているかがカギ

平成十二年一月二十八日、新潟県《にいがたけん》で、行方不明《ゆくえふめい》だった少女が、九年ぶりに発見されました。拉致《らち》、監禁《かんきん》されていたのです。国民は前代未聞《ぜんだいみもん》のこの事件に仰天《ぎょうてん》し、事の次《し》第《だい》を見逃《みのが》さないようニュースに釘《くぎ》づけになりました。同じ年代の子を持つ親として、少女から女性に変わっていく成長期に、こんな辛《つら》い目に遭《あ》わされたことが不憫《ふびん》でなりませんでした。

この大事件が発覚《はっかく》した時、あろうことか新潟県警本部長《にいがたけんけいほんぶちょう》は関東管区警察局長《かんとうかんくけいさつきょくちょう》と温泉旅館で遊興《ゆうきょう》していたというのです。特別監査《かんさ》を目的としながらこの不祥事《ふしょうじ》です。正しく業務《ぎょうむ》を行なっているか否《いな》かを調べ、部下には間違《まちが》いのないよう警察業務に携《たずさ》わるよう指導《しどう》しなければならないトップがです。

とっさの時にこそ、本心、日頃一番多く占《し》めていた心、使い慣《な》れた言葉が出るのです。

とっさと言ってもこの場合、「とっさ」に当てはまらないほど、十分考え、対処《たいしょ》する時間はありました。にもかかわらず、「人の永《なが》い間の苦しみもわからない」「自分の職務《しょくむ》も忘れてしまった」と言われても仕方のない行動をとってしまいました。国民は愕然《がくぜん》とし、警察不信に陥《おちい》りました。

トップの不祥事のせいで、真面目《まじめ》に働く組織内の人々が不信感を持たれるのは非常に気の毒なことです。

男児の命を救ったとっさの対処

平成十一年五月二十九日（土曜日）の新聞に、次女幸子《ゆきこ》のことが載《の》りました。

記事を簡単に書いてみます。

「湖南《こなん》消防《しょうぼう》本部は、先月守山《もりやま》市内で事故のため窒息《ちっそく》状態に陥《おちい》った男児に対し、いち早く心肺《しんぱい》蘇生法《そせいほう》を施《ほどこ》して助けた女性に、防災功労表彰《ぼうさいこうろうひょうしょう》を贈《おく》った。

この女性は、市内のスーパーで男児（十歳）がエスカレーターから身を乗り出し、天井《てんじょう》からつるした案内板とエスカレーターのベルトとの間に首を挟《はさ》まれてぐったりしているのを見つけた。男児の脈《みゃく》や呼吸《こきゅう》が止まっていたため、心肺蘇生法を施したところ、男児は一命《いちめい》を取りとめ、駆《か》けつけた救急隊員《きゅうきゅうたいいん》に運ばれ入院した」というような内容でした。

当日、県外に嫁《とつ》いでいる幸子は、一歳半と五歳の子どもを連れて久しぶりに帰省《きせい》していました。夕方、彼女の夫が仕事帰りに立ち寄ってくれ、一緒に帰ることになっていました。その前の、少しの時間にスーパーに立ち寄《よ》ったところ、この事故に関《かか》わることになったといいます。

エスカレーターの前を通った時、男児はエスカレーターの中段より上の案内板横のところに上向きに置かれていたという感じだったそうです。エスカレーターは異変《いへん》を察知《さっち》してか、止まっていたのだそうです。以下は幸子の後日談《ごじつだん》です。

連れていた幸子の上の子が「あの子、大丈夫《だいじょうぶ》?」と心配そうに言ったのがきっかけで、エスカレーターの途中《とちゅう》に横たわったままの男児を見つけ、「下に寝《ね》かせてあげて!」と叫《さけ》び、店の方がそれに応じてくれました。その子の顔色が青紫《あおむらさき》色に変わっていて、脈と呼吸はなかったので、すでに手配されていたのかもしれませんが、幸子は「救急車を呼んで下さい」と、無我夢中《むがむちゅう》で言いました。

五歳の長男に自分の荷物を持たせ、一歳半の長女をしっかり見るよう頼《たの》み、手をつながせたようです。その後、すぐに様子を見ながら心肺蘇生に取りかかりましたが、意識《いしき》はなく反応も示しません。

「人というものは、こんなにも簡単に死ぬものなんだ」と無常《むじょう》の哀《あわ》れを思った時、男児は「フオーッ」と大きな息をしたそうです。息を吹き返したのです。

「人というのは、やはりなかなか死なないものなんだ」と蘇生を施しながら、生命についてこんなふうに思ったそうです。

男児の顔の青紫色が薄《うす》れて少しずつ普通《ふつう》の肌色《はだいろ》に戻ってきました。

待ちに待った救急隊が到着《とうちゃく》した時は、自分が助かったような気になっていました。

それから解放された直後、「本当にあの子は助かるだろうか、自分が触《さわ》ったのがかえって悪くなったということはないかしら」と急に不安になって矢《や》も盾《たて》もたまらず、電話で私に「お母さん、助けてあげて。助かるように祈《いの》ってあげて」と息せき切って懇願《こんがん》してきたのです。それを受けて、私もYちゃんという名の子の完全回復《かいふく》をお祈りしました。

三月はすぐ過ぎ、その男児のその後の様子は、気になりながらもうかがい知ることができませんでした。

新年度の四月、私たち夫婦は、隣組《となりぐみ》で副組長、慈眼寺《じげんじ》というお寺の世話役《せわ》、地域《ちいき》の婦人消防隊員を任《まか》されました。

五月の婦人消防隊員の集会には、消防署から応急処置《おうきゅうしょち》と実習という名目《めいもく》で、署員《しょいん》が講師《こうし》として来られました。

「この三月の末に、駅近くのスーパーで、男の子がエスカレーターと案内板に挟まれて首吊《つ》り状態になり、呼吸が停止するという事故がありましたが、幸い通りがかった若いお母さんが、これから実習していただく心肺蘇生術を心得《こころえ》ておられ、すぐにやって下さったので一命を取りとめることができました。大切なことなので、この機会にしっかり習得《しゅうとく》していって下さい。

これはいくら上手でも、呼吸停止後は少しでも早くやらないと良い結果が出ません。

心肺蘇生は、呼吸停止後二分以内に行なえた時は九〇％の人が生き返り、四分で五〇％、五分も経過すると二五％しか助からず、十分間気づかなかったり、何もせずに放っておくと、ほぼ一〇〇％の人が死んでしまいます。

助かっても、わずか三～四分間、脳《のう》に酸素《さんそ》がとだえた場合は、身体のある部分に麻痺《まひ》が残るか、もっと不幸な場合は、植物状態《しょくぶつじょうたい》になります。

今回の事件は、われわれ救急隊を待つ間の処置《しょち》が良かったものですから、何の後遺症《こういしょう》も残らず、よかったです……」

「その子を助けたのはうちの娘です」と心の中で言っていました。が、やはり黙《だま》っていました。その後のことを、こんな形で知るというのも不思議《ふしぎ》でしたが、安心しました。

大学時代、資格《しかく》を持ちたいと勉強していた歯科衛生士《しかえいせいし》の知識の一端《いったん》が、めったにない事故に出くわし、役立たせていただけたのです。

スーパーの中には、店の人や、身軽なお客さんもおられたでしょうに、日頃から「自分の命も、人の命も同じだけ大事、命は大切に、困《こま》っている人は助けてあげる」を信条《しんじょう》としている家族でしたから、嫁いでいっても、自然にそれが出たのでしょう。

しかし、人の命に直接関わることは、良い結果が出るとは限らないので、心細さもあったでしょうに、わが娘ながら、「よくやってくれたね」とほめてやりました。

自分と同等に大事な他人の命

人が困っている場面に出くわしたり、突然《とつぜん》身の危険《きけん》を感じるような事態《じたい》が生じた時、人は常日頃《つねひごろ》から考えている本心で行動します。

「ややこしいことや、知らない人には関わりを持ちたくない。自分の身の安全が第一だ」と常々思っている人に、次女と同じ行動はできたでしょうか。

最悪、呼吸が停止したままか、脳がだめになるか――そんなことが突然自分の家族に起こったら、その家族は悲嘆《ひたん》にくれるでしょう。とっさのあんな時に、人に役立つ行為《こうい》ができるか想像《そうぞう》してみて下さい。

落ち着いて取り澄《とす》ませる時は、言葉も選んでていねいに品《ひん》よく話せます。しかし、驚《おどろ》いた時や取り乱《とみだ》した時は、その人が通常一番多く使っている言葉で応戦《おうせん》します。

思いがけなく困った事態が生じた時、東京の人は「大変なことになって、困っちゃった」と言い、大阪の人なら「エラいこっちゃ、どないしょ」と、いつも使っている言葉が必ず出るのです。ドキドキしながら悪事《あくじ》を働く人が発する言葉も、犯罪《はんざい》を隠《かく》すためにいつもと違《ちが》うアクセントの言葉を使っても、つい故郷《こきょう》の話し言葉が出てしまって、九州出身だの東北地方の者だのと限定《げんてい》され見破《みやぶ》られてしまうのです。

人命《じんめい》の大切さをいかに教育しても、受けた者がそれを信じず、自分本位《ほんい》の考えを通すことがあります。いつか、飛行機《ひこうき》が海に墜落《ついらく》し、救助船《きゅうじょ》がその現場に近づいた時、乗客より先にパイロットが助けを求め乗り込んできたというニュースは、私の世代《せだい》近くの方々だったら記憶《きおく》しておられることでしょう。

どんなに子どもの教育、社員教育、人間教育を繰り返し行なっても、理解し信じられなかったら徒労《とろう》に終わります。いろいろなことを知っていても、日頃自分本位の人は、とっさの時、きっとわれ先が出るものです。

今、あなたの前で、人が倒《たお》れていたり、泣いている子がいたり、大きな荷物を手に立ち往生《おうじょう》している人がいたとしたら、あなたはとっさにどんな行動がとれるでしょうか。その答えが、あなたの日頃の心です。

願《ねが》わくば、「思いやりのある態度で接する」が、全読者の答えだとうれしいです。今の世の中、良かれと思って忠告《ちゅうこく》しても、逆《ぎゃく》ギレして、襲《おそ》いかかってくる、半《なか》ば価値《かち》判断《はんだん》のつかない我慢《がまん》のない人たちもありますから、いったん退散《たいさん》して、他の人に相談したり、警察《けいさつ》に通報《つうほう》するのが良策《りょうさく》の時もあります。それも、自分自身、社会全体への思いやりだと言えましょう。

自分の生命も他人の生命も、同じ宇宙の中心者（神）からの使命ある大切なものです。「与えよ、さらば与えられん」と唱《とな》えられていますように、愛や思いやりのある人は、良友《りょうゆう》に恵《めぐ》まれ、人生を楽しまれることでしょう。

自分の本質を知り、自分の使命を果たす

今回、次女が人命救助をさせていただけたのは、心肺蘇生という方法を心得ていたこともキーポイントだと思います。もし、何もできず救急車を呼ぶだけだったら、Ｙちゃんは、助からなかったか脳障害《しょうがい》が残っていたかのどちらかになったでしょう。芸《げい》は身を助けると言われますが、わが身の生活を助けるだけでなく、他人をも助けるものだと思いました。

あるテレビで、「突然《とつぜん》人を驚かしたらどんなショックを受け、どんな態度をとるだろうか」という番組がありました。某《ぼう》テレビ局の廊下《ろうか》を掃除《そうじ》している人が、仕事や収録《しゅうろく》を終えたタレントの方々が帰っていかれるすれちがいざまに、その後ろ姿に向かって突然ありったけの大きな声で「うわあーっ！」と叫《さけ》ぶのです。

仕事を終え、ほっとしてリラックスして帰る人たちばかりです。突然のあまりの大きな叫びに、皆さん度肝《どぎも》を抜《ぬ》かれた様子です。

女の人は、持っている物を落としてしまう、その場に座《すわ》り込《こ》んでしまう、飛び上がって後退《あとずさ》りする、泣き出してしまう人もありました。さすがに男の人に泣き出す人はいませんでしたが、やはり非常にショックを受けた様子でした。

失禁《しっきん》されるほど心を取り乱し、あとでこれらが故意《こい》に行なわれたことだと知ると壁《かべ》や床《ゆか》を叩《たた》いてくやしがる、その姿が関係のない視聴者《しちょうしゃ》にとっては滑稽《こっけい》でした。

そんななかで、皆さんもよくご存じかと思われるのですが、あの強そうな恰幅《かっぷく》のよい安岡力也さんという俳優《はいゆう》も通り抜《ぬ》けました。彼の態度は皆と異《こと》なり、さっと身構《みがま》えて相手をしっかり見据《みす》えました。

あと一人、見かけはあまり頑丈《がんじょう》そうではない男の人も、同じような態度をとりました。彼の名前は忘れましたが、画面にボクサーと紹介《しょうかい》されたように記憶《きおく》しています。

なぜ安岡さんとボクサーの方は、見た目では、そのように平然《へいぜん》としていられたのでしょうか。

それは、自分を衛《まも》る体力や戦力に自信があったからです。常日頃何に精通《せいつう》し、何に自信を持っているかによって、その人の運命《うんめい》は大きく変わっていくのです。体力で勝負の時もありますが、時にはクイズのように知力で勝敗が決まる時もあります。今後、自分の人生で現われるだろう問題にたじろぎもせず、安岡さんのようにしっかりと対象物《たいしょうぶつ》を見られれば、怪我《けが》も精神的《せいしんてき》ショックから生じる病気もないと思います。

急な学力テストや英語のテストにも、日頃真剣《しんけん》に勉強している者にとっては、力だめしの良い機会であり、認《みと》められる絶好《ぜっこう》のチャンスでもあります。

反対に、その方面の勉強にまったく身の入れられなかった者にとっては、突然のテストはショックで、苦痛《くつう》以外の何ものでもありません。体力も、知力のテストも、良い成績を出したい時は、合格に向けての対策《たいさく》を立て、継続努力《けいぞくどりょく》できた人が栄冠《えいかん》を勝ち取ることができます。

人生もほぼ一緒で、病気や怪我がなく、自信を持って進みたいと望むなら、やはり自分という本質《ほんしつ》、自分はどこから来てどこへ行くのか、何が使命《しめい》なのか、使命を果たすためにはどう努力すればよいのかなどを知っておく必要があります。そうすれば、安岡力也さんのように身じろがず、人生という対象に立ち向かっていくことができると思うのです。

現実を生きる

戦国時代《せんごくじだい》を代表する名将《めいしょう》の言葉として、それも比較対照《ひかくたいしょう》する三大武将《ぶしょう》として次の句《く》が語《かた》り継《つ》がれています。

鳴《な》かずんば、殺《ころ》してしまえホトトギス　〈織田信長〉
鳴かずんば、鳴かせてみせようホトトギス　〈豊臣秀吉〉
鳴かずんば、鳴くまで待《ま》とうホトトギス　〈徳川家康〉

なるほど、その人の性格《せいかく》がよく表われていると思います。
これに対して、一代にして電気製品で日本の人々に光明《こうみょう》を与え、経営《けいえい》の神様と言われた松下幸之助《まつしたこうのすけ》氏は、次のように述《の》べられました。

鳴かずんば、それもまたよしホトトギス

三武将のそれには、鳴くことに対しての執着《しゅうちゃく》があると思えます。ホトトギスというものは鳴くものだという観念《かんねん》に縛《しば》られています。

ところが松下幸之助氏は、「それもまたよし」と現状肯定《げんじょうこうてい》の見方をしているのです。

今現われていないことに対して心を砕《くだ》く無駄《むだ》をするより、現実を受け入れながら前進を続け、金字塔《きんじとう》を立てられたのです。身寄《みよ》りなし、知識なし、健康なし、資金なしから出発しても、その人の毎日の生き方に結果はついてくるのです。

おそらくこの本を読まれている方は、初期の松下幸之助氏より何かを多く持っておられるはずです。恵《めぐ》まれていないと愚痴《ぐち》らないで、身近にあるものに感謝してそこから一歩進み出したいものです。

氏も述べられています。「ある目標を持って物事を始めたら、それに対しての結果が出るまで継続《けいぞく》することだ。途中《とちゅう》でやめるからそれは苦労で終わることになるのだ」と。良い結果が出るよう実行し、良い結果が出なかったら、なぜなのかを反省、研究

し、今度は次の方法で実践《じっせん》する。これを繰り返せば、必ず成功するのです。よって私の辞書には、苦労という文字はありません。成功の暁《あかつき》には、苦労はたちまち努力という文字に変換《へんかん》されてしまうのです。

ホトトギスに関連したことでいま一つ、良い結果の出る言葉をお知らせしましょう。これは私が実験してみたところ、全部が全部、期待以上の成功を収めた言葉です。幸福生活の基本となるものですから、ぜひ生涯《しょうがい》実践してみて下さい。

鳴かずとも、飛べるだけよしホトトギス

身体の一部を損傷《そんしょう》し、それに心がとらわれ嘆《なげ》いてばかりいるとしたら前進が望めません。人は過去にも不確かな未来にも生きられないのです。現実を受け入れると、その中から生きる知恵《ちえ》がわいてくるのです。動かせる部分、動いて当たり前と思っていたことがありがたくなる、動かせる範囲《はんい》を動かして生活すると満足感《まんぞくかん》で幸せを感じます。

生まれたときからの先天性《せんてんせい》四肢《しし》切断《せつだん》の障害《しょうがい》を、自分の個性、特徴《とくちょう》と考え、本人自ら

書き上げた『五体不満足《ごたいふまんぞく》』の著者《ちょしゃ》、乙武洋匡《おとたけひろただ》さんは、「障害は不便です。だけど、不幸ではありません。両手両足がなくても、多くの友人に囲《かこ》まれ、車椅子《くるまいす》とともに飛び歩く今の生活に、何一つ不満はない」と述べています。

口に筆《ふで》をくわえて、人の心に、熱いものを訴《うった》える詩画家の星野富弘《ほしのとみひろ》さんは、一九七〇年の六月十七日、放課後の体育館で、頸髄損傷《けいずいそんしょう》という大きな怪我《けが》をされて以後、想《そう》像《ぞう》を絶するほどの努力と忍耐《にんたい》から、首から上しか動かせない重度のハンディを乗り越えられました。

「からだには傷《きず》をうけ、たしかに不自由ですが、心はいつまでも不自由ではないのです。

不自由と不幸は、むすびつきやすい性質《せいしつ》をもっていますが、まったく、べつのものだったのです。

不自由な人を見て、すぐに不幸ときめつけてしまったのは、わたしの心のまずしさでした」

と書かれ、いつか、テレビで、

「こんなことを言ったら、心配をかけた人や迷惑《めいわく》をかけた人に叱《しか》られますが、こうなってよかったと思っています」

とまで言ってのけられた星野富弘さんは、本当の自分の価値は肉体でないと達観《たっかん》されたからです。努力してもどうにもならないことにこだわらず、真理を悟《さと》られたのです。「馬には乗ってみよ、人には添《そ》うてみよ」の諺《ことわざ》通り、実際、人や物事に接してみると、頭で思いを巡《めぐ》らしていたのと違《ちが》う場合があります。人生なら、もっとそれが言えると思います。「人生は精一杯《せいいっぱい》生きてみよ」と。

まばたきの詩人、水野源三《みずのげんぞう》さんのことを知った時も、こんなに懸命《けんめい》に生きられた人もいたのだと、背筋《せすじ》に鉄筋《てっきん》を入れられた思いがしました。彼は一九三七年一月、長野《ながの》県《けん》の農村に生まれ、すこぶる元気な少年でしたが、小学四年生の夏、集団赤痢《しゅうだんせきり》にかかり、続いた高熱《こうねつ》がもとで、身体の自由も話す機能《きのう》も失ってしまいました。

彼の詩集『わが恵み汝《なんじ》に足《た》れり』があります。

言葉も発せられない彼の内にある聖《せい》なる世界は、どうして表わせたのでしょう。

彼を診察《しんさつ》した医師が、「はい」と答えたい時は目を閉じなさいと言ったことが発端《ほったん》でした。彼の愛深いお母さんが、これを返事だけでなく、彼の気持ちを表わす方法に使おうとしたのです。たとえば「うた」という言葉にしたい時は、母親が「あ」行から順に指をすべらせ三つ目の「う」に来ると、彼が「それ」というサインでまばたきをし、次は「か、さ、た」行に入ったところでまばたきをすると「うた」の言葉が完成します。気の遠くなるような母と子の作業です。

こうして、愛ある周囲の方々に取り巻かれて、四十七歳で召《め》されるまでに何百という詩が作られたのです。

懸命《けんめい》の治療《ちりょう》が施《ほどこ》されたにもかかわらず、病気や怪我が元通りに回復しないことがあります。しかし、それによって魂がより磨かれ、はっきりとした個性に育っていく場合もあるのです。

誰でも宝を持っている

本物の宝石《ほうせき》なら、どんなに埃《ほこり》をかぶっていようとも、傷《きず》がついていようとも、磨《みが》けば必ず光を放ちます。

人々が驚《おどろ》くような異彩《いさい》を放つ偉人《いじん》だって、私たちと同じ人間です。そのしくみ、からくりを探《さぐ》り、自分はどこをどう磨けばよいかに気づくことが大事でしょう。

しかし、それにばかり気をとられずに、日々与えられている、すでに持っている長所に気づき、それを喜び感謝して使うのはもっと大事です。

『五体不満足《ごたいふまんぞく》』の著者乙武洋匡《ちょしゃおとたけひろただ》さんは、先天性四肢切断《せんていせいししせつだん》という重度の障害《しょうがい》を持って生まれながらも、本人はそれを、身体的特徴《しんたいてきとくちょう》ととらえられています。また「人生も、一時はお金や地位、名誉《めいよ》などカッコよさ、多収入で一旗《ひとはた》あげたい野望《やぼう》を持ったこともあります」と述《の》べられた後、「どんなに大金を持っていたって、死んでしまったら意味がない」と書かれています。ということは、病気になって治療代《ちりょうだい》に使ってしまったり、楽しいことに使える体力も失っては仕方ない、という意味も含《ふく》まれていると思います。

「地位や名誉があったところで、まわりから嫌《きら》われていたら、それほどつまらないことはない。つまり、大金や地位や名誉があっても良い人生とは限らない」という考えに到達《とうたつ》されます。素晴《すば》らしい人生の価値《かち》づけです。

そして、他人や社会のために、どれだけのことができるか。まわりの人に、どれだけ優しく生きられるか。どれだけ多くの人とわかり合えるか。自分を最も大切にしながら実践《じっせん》を目指す決心をされています。

さらに、「障害を持った人間にしか成《な》し得《え》ないことを成し遂《と》げていく役目を担《にな》っているのであれば、せっかく与えてもらった障害を活《い》かしきれていないなら『宝の持ちぐされ』になる」とまで記《しる》されているのにも、非常に胸打たれました。五体満足でも不満たらたらの人もいれば、障害を与えてもらったとして、彼は現状に不満を持たずに真摯《しんし》に受け止められているのです。

童話　みず色公園で見つけた宝物

みず色公園《いろこうえん》のそばに、たいへんよく切《き》れるハサミを持《も》ったカニのキリオがいました。

そのちかくに長《なが》い耳《みみ》のうさぎのスラリが住《す》んでいました。

ふたりは、ときどき一緒《いっしょ》にあそびます。キリオは自分《じぶん》のハサミを使《つか》って木《き》の葉《は》で切《き》り絵《え》を作《つく》り、とくいになって見《み》せるのでした。

スラリはピンク色をしたすらっと長いかっこいい耳を持っているのですが、キリオのハサミがうらやましくてたまりません。

ある時《とき》、あらしがやって来《き》ました。つよい風《かぜ》と、ぼうのような雨《あめ》がふります。それは、三日《みっか》もつづきました。

みず色公園のちかくをながれている、いつもはしずかな川《かわ》も、水《みず》かさがふえて、ごうごうとながれています。

あらしがすぎ去《さ》ったあと、ようや

く晴《は》れてお日《ひ》さまが出《で》ました。

ぬれたやねや木の葉も、ぴかぴか光《ひか》っています。くらかったあらしの日とちがって、ウキウキする明《あか》るい日になりました。

キリオもスラリも、公園であそぶのは久《ひさ》しぶりのような気持《きも》ちです。

小《ちい》さな木がたおれたり、たくさんの木の葉が落《お》ちたりして、あらしのすごさがのこっています。

キリオはさっそく、じまんのハサミで落ち葉をチョキチョキ切って、いろんな形《かたち》の切り絵を作っています。その中《なか》には、ひこうき・ふね・くるまなどののりもの、スラリのすきな、にんじんやメロンなどのたべものもあります。

するとその時、「たすけて、たすけて」というこえが、スラリの耳にきこえてきました。

「だれか、よんでいる」とスラリが言《い》うと、「気のせいだよ」と、キリオはとりあってくれません。スラリはもっと耳をたてました。

「たすけて……」とやはり小さなこえがきこえます。スラリは、こえのする方《ほう》にピョンピョンとかけていきました。

それは、小さなため池《いけ》からでした。

「たすけて」

みつばちのブンタが、おぼれているのが見えました。

ブンタはいつもは元気《げんき》で、きれいにさいている花《はな》からみつをあつめて、みんなよりたかいところを気持ちよさそうにとんでいる、はたらきものです。そのブンタが水の中でハネをバタバタさせて、もがき苦《くる》しんでいます。

早《はや》くたすけないとたいへんです。

そこへ「なんだ、なんだ」とキリオがハサミをかざしながら、ようやくやって来ました。

スラリが指《ゆび》さす池の中のブンタを見ると、「ぼくがたすけてあげる」と言って、じまんのハサミを長くのばしました。

「この先《さき》につかまれ」と言いました。ブンタはひっしに手《て》をのばして、それにつかまりました。

「しっかり、つかまっていろよ」と言って、キリオがそうっとハサミを持《も》ち上《あ》げようとした時です。

「あっ、いたっ」と、ブンタがつかまっていた手をはなしてしまいました。

キリオのハサミが、ブンタの手をキズつけてしまったのです。ブンタはまた、ボシャッと水の中に落《お》ちてしまいました。

早くたすけないと、おぼれ死《し》んでしまいます。ブンタは、およげない水の中でつかれきっています。

こんどはスラリが思《おも》いっきり耳をのばして、ブンタにつかまるように言いました。

ふわあっとしたあたたかな耳に、ブンタのひえきったキズついた手がとどきました。こんどは、つかまらなくても、さわっているだけで落ちません。

「ひくわよっ」と、スラリがゆっくりひき上げます。ゆっくり、ゆっくり、落ちないように、それはそれは、気をつけて。

スラリのふわあっとした耳の毛先《けさき》で、ブンタはたすけられたのです。

それからいく日かすぎました。

ブーンという音《おと》が、みず色公園であそんでいるキリオとスラリの上《うえ》をかすめました。

そう、たすかったブンタが、手のケガがなおって、またはたらきはじめたのです。

「あの時は、ありがとう。これはたすけてもらったお礼《れい》だよ」と言って、キリオとスラリにおいしいみつつぼを一《ひと》つずつくれました。

あのことがあってから、キリオはじぶんのハサミのじまんをしなくなりました。そしてスラリの耳を「よくきこえるかっこいい耳だね」とほめてくれるのです。

「キリオくんはハサミが宝物《たからもの》で、わたしは耳が宝物なのね」と、スラリがうれしそうに言いました。

キリオとスラリはあまいハチミツをなめながら、元気にとびまわっているブンタを見て、「そしてブンタくんはミツあつめがじょうず。みんな持っている宝物」と言いました。

おわり

第2章　幸福への道しるべ

『今森光彦・世界昆虫記』と不登校児

バリ島などで出合った美しい棚田《たなだ》に、自然と生き物が共生《きょうせい》する素晴《すば》らしい環境《かんきょう》があるのに魅了《みりょう》され、琵琶湖《びわこ》の西、仰木《おうぎ》という身近な所でそれに劣《おと》らぬ美しい棚田に出合い、里山《さとやま》の存在《そんざい》を、写真と文章で、日本のみならず世界に情報発信《じょうほうはっしん》されている自然写真家、今森光彦《いまもりみつひこ》氏のご活躍《かつやく》は皆《みな》さん周知《しゅうち》の通りです。

『虫を待つ時間』『萌木の国』などの著書《ちょしょ》を出版されるたび、直筆《じきひつ》のサイン入りで贈《おく》っていただく果報者《かほうもの》の私です。

そんななかで、奥さんの真弓《まゆみ》さんが、「その界《かい》では、なかなかいただけないような大賞を、ありがたいことにいただくことができました」と謙虚《けんきょ》に言われるように、たくさんの賞を受けられました。木村伊兵衛写真賞、毎日出版文化賞、産経《さんけい》児童出版文化賞大賞などを受賞されたのは、『今森光彦・世界昆虫記《せかいこんちゅうき》』と『里山物語《さとやまものがたり》』だったと記憶《きおく》しております。

『今森光彦・世界昆虫記』は、昆虫の写真図鑑《ずかん》としては今までにないスケールで、子どものみならず、大人の私たちまでもが興奮《こうふん》するに余りあるものでした。今、この地球上にこんな不思議《ふしぎ》な虫たちが一緒に生息《せいそく》しているんだと感嘆《かんたん》し、人工色をいかに塗《ぬ》り合わせても表わすことのできない美しい羽を持った虫たちや花々、人間には到底《とうてい》まねられない細工《さいく》、工夫《くふう》を施《ほどこ》す生き物を、リアルにカメラでとらえてあり、固唾《かたず》を飲むほど夢中《むちゅう》になる本でした。

その『世界昆虫記』が出版されてしばらくした頃でした。不登校の始まった児童のお母さんから相談を受け、その子が虫好きだとの情報を得ましたので、私も一冊買い求めて、その子に持っていきました。虫の話以外にも「みんなが行く学校だから休まないで、明日から行こうね。もし明日から学校に行けたら、しばらくこの面白《おもしろ》い虫図鑑を見せてあげる」と言って貸《か》してあげました。

次の日、その子が登校したとお母さんから報告があり、安心していました。ところが、一週間ほど過ぎると、また学校を休みだしたと電話が入りました。私はその子に電話を代わってもらいました。

「K君、虫の本、面白かった？　すごいでしょう。この学期休まないで学校に行けたら、あの本あげるわ。一日でも休んだら返してもらうからね。どう?」

物で子どもの気持ちを動かすのは子育て上、良くないことは知っていましたが、この場合すんなり言葉が口をついて出ました。ややあって彼は「行く……」とだけ答えました。夏休みに入るまで一日も休まず、結局、『世界昆虫記』は彼のものになりました。

そして彼は中学生活を続けることができ、無事卒業、その後高校にも進み、今は就職先でしっかり働いています。

不登校の原因が何であろうと、虫の好きな子は特に、『世界昆虫記』の一点一点の作品に魅《み》せられ、手放《てばな》せなくなってしまったのでした。

『世界昆虫記』の著者、今森光彦氏のおかげで、未来ある子は好きなもののために頑《がん》張《ば》れたのです。

その子に出会うたびに、私はそのことを思い出すのです。

今森家とのご縁

その著名《ちょめい》な写真家、今森光彦《いまもりみつひこ》氏のお母様と私は、元職場《しょくば》の先輩と後輩の間柄《あいだがら》でした。お母様もとても人望《じんぼう》の厚い方で、周囲の人から慕《した》われておられました。私が五年間住んでいた大津《おおつ》を離《はな》れてからも、かつての先輩はずうっとおつき合い下さっています。

今回の出版に際しましても、ご一家皆様にご支援をいただくという光栄《こうえい》に、身の縮《ちぢ》む思いもありましたが、甘《あま》えさせていただくことにしました。

いただいたお手紙の中から、少し紹介《しょうかい》させていただきます。まずはお母様からいただきましたお便《たよ》りです。

拝啓

さわやかな初夏《しょか》の候《こう》となってまいりました。昨日は、お忙《いそが》しいお時間を取りまして真弓がお邪魔《じゃま》をいたしまして、また、いろいろとお心づくしのお土産《みやげ》まで頂戴《ちょうだい》しましてありがとうございました。重ねがさね厚くお礼を申し上げます。

早くから一度お目にかかり常日頃《つねひごろ》のお礼を申し上げたいと申しておりましたが、何かと雑用《ざつよう》に追われ、やっとお伺《うかが》いすることができまして大変喜んでおりました。今後ともどうかよろしくお願いいたします。

昨夜の八時に先生が光彦にパワーを送って下さると言っておりましたが、夕方まで続いていた咳《せき》が不思議《ふしぎ》に止まりまして、本人も「へえー」なんてびっくりしておりました。どうもありがとうございました。

また、お目にかかりお礼を申し上げますが、とりあえずお礼まで。　かしこ

このお手紙は、光彦さんが取材《しゅざい》で海外に出かけられる前に書かれたものです。
次に光彦さんご当人からいただいたものをご紹介します。

拝啓　いつもお世話《せわ》になっています。

先日は、いつもながらの突然《とつぜん》のお願いにもかかわらず、親切にご指導をいただ

き、誠にありがとうございました。おかげで無事撮影《さつえい》を終えることができました。快晴《かいせい》の日で、思いどおりの写真を撮《と》らせていただくことができました。

ほんとうに、ありがとうございました。

写真は、そのうち、ぜひ見ていただくつもりでおります。

寒い日が続きますが、どうぞ、お体を大切にして下さい。お礼まで。

敬具

このお手紙は、お地蔵《じぞう》様を撮影される時に、良いアングルで撮るために、そのまわりを少し掃除《そうじ》させていただきたい、という相談をお受けした時にいただいたものです。

氏は海外の自然の多く残っている方面に取材撮影に出かけられます。その地その国の原住民の人々から流布《るふ》されている言い伝え、実際体験された自然への脅威《きょうい》、権威《けんい》ある長老《ちょうろう》の不思議な力を目《ま》の当たりにされています。

良い取材を無事にすませるには、その周辺の方々の注意をよく聞き、調和することが大切だと語っておられました。見えないものへの畏怖《いふ》、後悔《こうかい》のないように慎重《しんちょう》に取り組まれる姿勢《しせい》からベストな成果が生まれるのでしょう。

奥さんの真弓さんは、とても筆《ふで》まめな方で、いただいたお便りは小さな段ボール箱なら収まりきらないほどです。

今回は十一年間のおつき合いの中で、心に残っているものを、まとめて載《の》せさせていただきました。


結婚して三年にもなるのに「自分は何もできない。まして子どももできない」といった自己《じこ》マイナスのみしか頭にございませんでした。

悶々《もんもん》とした暗い心、深いため息の中で母から手渡され読んだ池田先生の『真理《まごころ》の法則』に感動し、奥付《おくづけ》の住所で電話番号を問い合わせ、厚《あつ》かましくも電話をかけました。「今森ですが……」との話しかけに返された、優しさと温かみといたわりのあるお言葉に思わず涙が出てしまったことが昨日のことのように思い出されます。

子どもを希望していることを確かめられて、「叶《かな》えられるようにお祈《いの》りさせていただきましょう」とおっしゃって下さり、そんなに簡単にお引き受け下さって……、とほんの二、三分の会話でしたが、とてもさわやかな思いが残りました。

夫は知らずに三カ月の海外取材に出ていきましたが、その月に子どもが授《さず》かっていました。

母の「まだかえ？」の問いに「はい、できました」と即答《そくとう》しましたら、永《なが》い間待ってくれていた母ですのに、びっくりして「もう、できたんか？（笑）」と言いました。

長男、その後二年して長女と無事安産《ぶじあんざん》させていただきましたが、夫の長期留守《るす》への不足の思い、両親への感謝不足から、私が笑わない生活になっていたのでしょう、長女が笑顔の少ない子どもになっていたのです。そのことや、子どもが熱を出したり、階段《かいだん》から落ちて気を失った時など、「先生治して下さい」と一方的にお願いばかりしておりましたが、いつもよくしていただきました。

毎火曜日は英研クラブがあって、以前からそのメンバーに加わりたいとの思いが叶って喜び勇《いさ》んで二人の子連れで通いました。時々、子育ての話、時事《じじ》、真理の話になったりする英研は私の宝物《たからもの》の時間です。子どもの笑顔も増えていきました。

そんななかで平成七年六月二十一日、第三子を出産しました。そのことで、とても偶然《ぐうぜん》とは思えない感動的なことがありました。

先生からの出産見舞《みま》いの電話を父が受け、「六月二十一日七時四十一分、池田先生より電話あり」とメモしてあったのです。四日後に退院してそれを見た時は身震《みぶる》いをしてしまいました。母子手帳《ぼしてちょう》に記入された日時がまったく同じだったのです。

真理を知ったことが本当に良かったので、先生に「どうしたらたくさんの方に真理をお伝えできるでしょうか」とお尋《たず》ねすると、「真理に導いて下さったお母様に感謝して夫婦仲良く、楽しい家庭を築いて下さい。それを見て、今森さんところはどうしてそんなに楽しいご家庭なの？　秘訣《ひけつ》を教えてほしいと尋ねられるほど幸せになって下さい」と答えられてしまいました。

先日、京都の百貨店で仕事帰りの主人と待ち合わせをして昼食を一緒にする機会がありました。四国を巡礼《じゅんれい》してきたという老夫婦の方と席が隣《となり》になりました。「良い雰囲気《ふんいき》のご家族ですなあ。本当に家庭円満《えんまん》だと見てわかります」と初めての方からお声をかけていただきました。

先生に「子どもが欲しい」とお電話させていただいて十一年、明るい幸せな家庭が増えますように努力していきたく存じます。

今森真弓

これ以後の文中に出てくる今森さんというのは、この体験を寄せて下さった今森真弓さんのことです。紙幅《しふく》の都合《つごう》で、全部載せられないのが残念ですが、今森真弓さんのお働きで、ずいぶんたくさんの方が悩《なや》みから解放《かいほう》されています。

その方たちは、「今森さんに教えていただいていなかったら今頃は……」とおっしゃって、真弓さんに感謝しておられます。

どんな悩みも、物を与えることで解消《かいしょう》しようとするのではなく、方法を教えてあげるのが、その悩みから永久に解放されるための最善策《さいぜんさく》です。

たとえば、空腹《くうふく》の人に、たちまちのことは別として、パンや魚を与えるのでなく、パンの作り方、報酬《ほうしゅう》でパンが買えること、野菜の作り方、魚を釣《つ》る方法をお伝えするのが一番です。仏教で、法は末代の宝といわれています。

真の救いは、救った方も救われた方も無上《むじょう》の喜びです。

宇宙中心者の御心《みこころ》に適《かな》う者、その働きのできた者には必ず、その人の欲《ほっ》している必要な人、物、事が与えられます。さらに目に見えない徳《とく》となって、その人の雰囲気《ふんいき》が浄化《じょうか》され、出会いのたびに、えも言われぬ心の温かさ、広さ、品性《ひんせい》の高さとなって慕《した》われます。

真理に染まれば

日常《にちじょう》、仕事から帰ってまずすることは、留守番電話《るすばんでんわ》のテープを巻《ま》き戻《もど》して聴《き》くことです。再生《さいせい》されるまでの間に思うのは「今日も、メンバー全員、無事《ぶじ》、健康《けんこう》でいてくれただろうか」です。

私は、小さくは個人の叶《かな》えていただきたい願い事も祈念《きねん》いたしますが、大きくは宇宙全体の平和と繁栄《はんえい》を常にお祈《いの》りしております。

「生きとし生ける者、有りとし有るもの、日本の、世界の人々、私に関《かか》わるすべての人々の悩《なや》み、迷《まよ》いを打ち払《はら》い、健康で幸福な真実相《しんじつそう》を現わして下さい」と祈り、さらには、「宇宙のすべての動きが秩序整然《ちつじょせいぜん》となされ天変地異《てんぺんちい》がなく、日本の、世界の人々が思い合い愛し合える平和な世界を現わして下さい」と心より切《せつ》に祈ります。

ある日の留守番電話には、今森真弓さんの人なつっこい、静岡《しずおか》生まれとあってまだ関東《かんとう》のアクセントの残るメッセージが入っていました。

「二、三日中に網野町《あみのちょう》の谷口さんという方が、リウマチで相談されたくてお電話されると思いますが、よろしくお願いします」ということでした。

次の日の夜十時を少し過ぎた頃、その谷口さんという方から電話がありました。

「突然《とつぜん》ですが、不思議《ふしぎ》な力で、いろんな病気を治《なお》しなんると嫁《よめ》が友達から教えてもらったと言うもんですから、ひとつ私にもお力添《ちからぞ》えをいただきたい思うて電話さしてもらいました」

「お出会いしたこともない私を、どれだけ信じていただけますかしら」と私は答えながら、はっきり言って戸惑《とまど》っていました。

メンバーや、その方の親戚《しんせき》なら、詳《くわ》しくは知らなくても信頼《しんらい》関係が多少はありますので「元の健康に戻るパワーを送ります」と言って治しの霊波《れいは》を送るだけでほとんど完治《かんち》しましたが、今回は、今森さんの友人のお姑《しゅうとめ》さんというだけで、一面識《いちめんしき》もありません。

「いつ頃からお身体が不調になられたのかお聞かせ下さい」と言って、まず谷口さんのお話をお伺《うかが》いすることにしました。

昭和六十二年くらいから始まって、今では両手両足に病状《びょうじょう》が及《およ》んでいて、今、一番辛《つら》く、そして一番良くなりたいのは、足の部分だと話されました。

お住まいは、いつか私が旅行で天の橋立《あまのはしだて》を訪《おとず》れたことがあるのでたぶんあのあたりと想像《そうぞう》しながらも、お顔も何も知らない谷口さんに、いかにすれば真理をうまくお伝えできるかと考えました。

発病《はつびょう》した頃の家庭事情《じじょう》をお尋《たず》ねし、「その時、精神状態《せいしんじょうたい》を平穏《へいおん》に維持《いじ》できなかったのですね」と申し上げると、「思い当たる節《ふし》があります」と素直《すなお》に反省されました。

その後十分間ほど、なぜ人間として生まれたか、人間として果《は》たすべき使命《しめい》、人間はどんなふうに創《つく》られているかという、最も大切な部分の真理をお伝えいたしました。

「一度、立って歩いてみて下さい」

「……」

その間も、心の中で、元の健康な相《すがた》（真実相《しんじつそう》）が現われるように念じていました。

「ええーっ、こんな不思議なことってあるんですか。痛《いた》くなく歩けるんです」

お顔も知らない、お住まいも知らない初めての方が、パワーを送る前に癒《いや》されたのです。

私は、「真理は汝《なんじ》を自由ならしめん」を確認《かくにん》いたしました。そして、お伝えしている真理は、間違《まちが》いのない摂理《せつり》であることも確信《かくしん》しました。

その後、お世話《せわ》いただいた今森さんを通して、改めてお礼の言葉をいただきました。「厚《あつ》かましくも、電話でお願いした見ず知らずの者に、三十分近くもお話ししていただき、良くなれました」という伝言《でんごん》でした。

十分間ほどの会話だったと思っていたのは私の錯覚《さっかく》で、その実、三十分真剣《しんけん》に真理をお伝えさせていただいていたのでした。

そのことがあってちょうど二カ月後の七月十九日、今度は、その谷口さんのお孫《まご》さんのことで相談を受けました。

「生後二カ月の外孫《そとまご》の女児の便《べん》が排泄《はいせつ》できず、お腹《なか》が蛙《かえる》を膨《ふく》らませたようにポンポンで青筋《あおすじ》が幾本《いくほん》も透《す》けて見える」ということでした。

詳《くわ》しくお尋ねすると、「数日前から、元気がなく、寝《ね》てばかりいてお乳《ちち》も飲まず、水みたいなものを吐《は》くようになり、心配になって、かかりつけの小児科《しょうにか》で診《み》てもらいました。そこの先生に『便も出ないので人工肛門《こうもん》を作る必要があるかもしれない』と言われ、地元の公立病院を紹介《しょうかい》されました。

その病院では、腸《ちょう》が動いているか、肛門の細胞《さいぼう》があるかなど調べた上で、人工肛門もあり得《う》るが、京都市内の公立病院を紹介するので早く行くように言われました。その病院に行き、七月二十七日には入院することに決まりましたが、私の足も良くしていただいたので、入院は池田先生に相談してからにするようにと娘に言いましたが、嫁《とつ》ぎ先の家の事情もあり乗り気でないのですが、どうしたものでしょう」という内容でした。

私も三人の子育ての経験があります。子ども、特に言葉を話せない子の病気は、その子の本当の様子がわからないので親として辛いものです。生後二カ月の子を連れてくるには最低、親と運転手さんと三人が動かねばなりません。

「お家《うち》にお訪《たず》ねするのに支障《ししょう》があるのでしたら、お近くで、どこか場所を決めて下さい。そこへ私が参《まい》りましょう」と答えました。

さらに「そのこととは別にして、すぐその子の真実相をお祈りいたしますから、お名前を教えて下さい」と、氏名を受け付けました。

しばらくして、娘さんから電話が入りました。「見ず知らずの私たちに優しく『行ってあげる』とまで言って下さいましたが、それではあまりに厚かましすぎますので、こちらからお伺いします。それから子どもの名前を聞いていただいた直後に便が出たのです。不思議です」と言われました。

谷口さんのお電話から三日後のお約束日、七月二十二日に、片道三時間以上もかけて、リウマチが良くなられたお母さんと娘さん、お孫さんのほかに今森さんのお友達である兄嫁《あによめ》さんが来られました。

労《ねぎら》いの言葉もそこそこに、排泄《はいせつ》の良くないという赤ちゃんを見せていただきました。

蛙のお腹は、ほとんど正常に戻っていて、何だか狐《きつね》につままれたようでした。

「お祈りしますから……と、池田先生に言っていただいたすぐ後から、便がよく出るようになったのです」と言われましたが、五日後には京都の府立医大《ふりついだい》に入院が決まっているのですから、できるだけ多くパワーを受けていただこうと懸命《けんめい》に当てました。

途中でお乳を欲しがった赤ちゃんを見て、食欲《しょくよく》もしっかりと出てきているのもわかりました。今後の生活のアドバイスもお伝えして、「これですっかり完全に治りました。もし何か心配なことがありましたら、いつでもお電話下さい」とお見送りいたしました。

この間、二時間はあったと思いますが、暑い最中《さなか》に来られるのだからと、冷たいお茶を用意しておきましたのに、それさえ忘れてご遠方《えんぽう》から必死で連れてこられた赤ちゃんに夢中《むちゅう》になってしまっていたのでした。

お帰りになったお母さんから美しい手描《てが》きの百合《ゆり》の絵手紙をいただき、その余白《よはく》には「出会いは希望の始まり」と書かれてありました。

後日、付き添《つそ》いで来られた兄嫁さんから、次のような電話がありました。

「池田先生の所から帰る時、エレベーターの中で、義妹《いもうと》はこう言いました。『子どもは完全に治りました、という池田先生の言葉を信じられる気がする。頑張《がんば》ってアドバイスいただいたように生活できるよう自分が変わるわ。それしかないもん……』と」

それから予定通り入院され、一週間あの小さな身体をいろいろな角度から検査《けんさ》しましたが、どこにも異状《いじょう》が見つからないということでした。

「入院も、ほかのびっくりするような難病《なんびょう》と闘《たたか》っておられる子どもさんに出会ったり、自分の方が大変なのに私を励《はげ》ましてくれるお母さんがあったりと、勉強にこそなれ無駄《むだ》にはなりませんでした。退院する時、「今度排便《はいべん》が難《むずか》しくなった時のために」と浣腸《かんちょう》をもらいましたが、今日まで一度も使う必要がありませんでした」と、喜びの退院報告を受けました。

悩みや病気が治るお手伝いをさせていただいても、生活習慣《しゅうかん》を変えないとまた同じ悩みや病気が現われるのですが、彼女はその後もアドバイスを守って、家族仲良く感謝し合って生活し続けているのでしょう。

今度の谷口さんからの絵手紙は、弾《はじ》けんばかり実のいっぱい詰《つ》まったとうもろこしでした。「医大の一週間検査でも異状なく、孫六人元気でお盆《ぼん》を迎えられること、ありがたいです」の添え書きがありました。

真理とは、電気製品を買った時に一緒に入っている「お使いになる前に必ずお読み下さい」という取扱《とりあつか》い説明書みたいなものです。正しい使い方をすると小気味《こきみ》よく働いてくれますし、間違った使い方をすれば、役に立たないどころか、まだ新しいのに故障《こしょう》してしまいます。人間で言えば、健康、平和、繁栄、希望入手《にゅうしゅ》のための説明書と言えるでしょうか。

真理を知り、疑《うたが》いながらも実践《じっせん》し、そして出たいろいろな良い結果、やはり真理は、生命であり道であり光であると断言できます。

私自身、実生活に真理を採《と》り入れてみて、今、多忙《たぼう》すぎることを除《のぞ》けば、すべてに恵《めぐ》まれて思い通りの生活をさせていただいております。

よりよい生活を希望されながら、まだ真理にご縁《えん》のなかった方はぜひ、次に掲《かか》げる「幸福への道しるべ」二十四箇条《かじょう》を習慣になるまで続けて実践して下さい。間もなくあなたの生活が好転《こうてん》しているのを、はっきりと心と体で感知《かんち》されるでしょう。

そして、「こんな良い生活、もうやめられない」と思われることでしょう。

幸福への道しるべ二十四箇条

1 朝は夜明けとともに起床《きしょう》しましょう。(どうせ起きなければならないのです。空気もきれい、智恵《ちえ》のひらめきを受けられます)

2 今の身体にお礼とお願いを言いましょう。(好きなように使わせていただくのです)

3 これから自分の「生活が良くなる」「運が良くなる」「きっと良くなる」と十回以上言いましょう。(店先で注文をすると、それが手に入るのと似ています。叶《かな》うための言葉の貯金です)

4 寝具《しんぐ》にお礼を言いましょう。(外気《がいき》や冷えから守られたのです)

5 玄関《げんかん》はお礼を言って開けましょう。（盗難《とうなん》などから守られたのです）

6 今日初めて使う水道、ガス栓《せん》は感謝して開けましょう。（水、ガス、空気などは、大自然からの贈《おく》り物《もの》です）

7 食料になる生命にお詫《わ》びとお礼を言いましょう。（植物・魚介類《ぎょかいるい》など、すべて生きていたのです。いただいた命の分、生かしましょう）

8 家族の皆《みな》に気持ちの良いあいさつをしましょう。（一人が暗いと皆が不愉快《ふゆかい》です）

9 食事は感謝して、バランスよく適量《てきりょう》にとりましょう。（運動量と食事の量を考えて下さい）

10 後片づけは面倒《めんどう》がらずにやりましょう。（食べる元気があったのですから、頑張ってやりましょう）

11 あらゆるものの整理整頓《せいりせいとん》に努《つと》めましょう。（いつもスッキリ気持ちが良いです）

12 交通手段《しゅだん》に感謝しましょう。（危険《きけん》から身を守ってくれます）

13 職場《しょくば》や関係者に感謝しましょう。（出会った人にお礼を言うことがなかったかまず考え、あればすぐに言いましょう。業務《ぎょうむ》がスムーズに運びます）

14 自分の失敗は人のせいにせず、すぐに詫びましょう。（自分の人生は自分が主《しゅ》

人公《じんこう》です）

15　仕事で使う機械、道具は心を込めて手入れしましょう。（故障や事故がありません）

16　どの場所も愛する地球の大切な場所。次回も気持ち良く来られるようにしておきましょう。（旅の恥《はじ》でも、やはり恥です。いつ再び縁があるとも限りません）

17　家族が帰宅《きたく》したら無事を喜びましょう。（帰宅できないハプニングも起こりうるのです）

18　明日の準備は大変なことからすませましょう。（軽い気持ちに早くなれます）

19　戸締《とじ》まり、栓は感謝して、しっかり意識《いしき》して閉めましょう。（大事なものは守りましょう）

20　一日働いた身体にお礼を言いましょう。（痛《いた》む時は「いたい、いたい」と騒《さわ》ぐのですから、元気に働いてくれた時の身体に心からお礼を言いましょう。いたわってさすってあげてください。病気が癒《い》えたり怪我《けが》を避《さ》けることができます）

21　問題が解決し、夢が叶った瞑想《めいそう》をしましょう。（いねむり運転は、ねむる寸前《すんぜん》に向けていたハンドルの方向に進みます。ねむる前の気持ちが続くのです。就《しゅう》寝前《しん》に子どもを怒《おこ》ったり注意したりするのはやめましょう。悲しい気持ちが続いて、夜中に熱を出すということにもなりかねません)

22 寝具に感謝し、疲《つか》れが癒《いや》されたと思って気も安らかに、休みましょう。

23 ご近所のおつきあいは、挨拶《あいさつ》や用件がいつでも言えるようにしておきましょう。(つかずはなれず良い関係！ 困《こま》った時は助け合い)

24 適当《てきとう》な生活から生《しょう》じた余裕《よゆう》、労力《ろうりょく》、お金、場所は、社会に役立てましょう。(柿《かき》の種をまけば、柿がなります。良い種をまけば、良い物が収穫《しゅうかく》できます)

朱《しゅ》に染《そ》まれば朱《あか》くなる
悪《あく》に染まれば悪《わる》くなる
真理に染まれば神になる

神は真理であり道であり光であるのですから、真理に染まると、神になるのです。神は善《ぜん》でありますから、真理に染まって善になれば、悪いものが消えてしまうのです。病気や悩みが消えるのは当然であります。

少し遅くなっても望みは叶う

次にご紹介するのは、二〇〇〇年にいただいたお手紙です。

【体験記】消えた関節腫

「先生、とれました」。この報告《ほうこく》をさせていただけるのが、こんなに早いとは、とても驚《おどろ》きました。

平成五年に、今森さんの紹介で池田先生にお会いしてから、私の家族は何度も何度も先生に助けていただきました。そのたびに、いろいろな形で真理を少しずつ学ばせていただいております。

昨年十二月、家業《かぎょう》、家事《かじ》、および高校一年生、中学二年生、小学一年生、幼稚園《ようちえん》年少の四人の子育てと、大忙《いそが》しの年の暮《く》れを迎《むか》えていました。二十六日の午後二時半頃、掃除《そうじ》の途中《とちゅう》に、ひょんなことから、末娘《すえむすめ》の足首に目をやった私は、自分の目を疑《うたが》いました。

足首が変形《へんけい》するほどもっこりついていたこぶが、なくなっているのです。

その四日前の二十二日には、池田先生にある用件で電話することがあったものですからその子の足首をしっかり確認《かくにん》して、まだありますと併《あわ》せて報告したのですが、その後は定《さだ》かでないのです。たった三、四日の誰《だれ》も知らない間に消えてしまったのです。

夏の初めの頃、左足首のくるぶしの所が、急に大きくなってきました。一昨年五月に郵便配達《ゆうびんはいたつ》のバイクの前に飛び出してひかれた事故《じこ》の後遺症《こういしょう》で、骨《ほね》が変形してきたのだと思い、とても驚きました。

八月に入り、知り合いの外科の先生に会う機会があったので、診《み》ていただいたところ関節腫《かんせつしゅ》とのこと、悪性《あくせい》のものでないので大丈夫《だいじょうぶ》だけど、簡単《かんたん》な外来手術《がいらいしゅじゅつ》で切ることもできるということでした。

放っておいても心配ないという言葉に安心し、そのまま放置《ほうち》していましたところ、運動会のけいこなどで足を使うことの多くなった十月、鉄棒《てつぼう》や、うんていから降《お》りた時、またなわとびをする時など、とても痛《いた》がるようになりました。機会があり、別の外科《げか》へ行ったついでに診察《しんさつ》していただいたところ、やはり同じ手術のことを言われました。私には、この小さな足に、メスを入れてもらう気は、毛頭《もうとう》ありませんでした。痛みさえなければ、時間がかかるとしても池田先生にお願いしてみようと思ったのです。

以前私の実家の母の足が腫《は》れ、いろいろな病院へ行って診てもらったり、痛風《つうふう》などの血液検査をしても原因がわからず、痛みと腫れが取れなかったのですが、池田先生とは面識《めんしき》もないまま十分間私の手を通してパワーをいただいただけで、私の手のひらが少しずつ濡《ぬ》れていくように感じるのとともに、ぼんぼんに腫らしていた足の甲《こう》が見る間《ま》に元に戻り、痛みも嘘《うそ》のようになくなりました。実家の母は、涙《なみだ》して喜んでくれました。

その母のことを思えば、末娘は何度も先生にお出会いしているし、「私の家族のようなもの。きっと治《なお》る」と、おっしゃって下さったのでした。九時と九時半には、もちろんパワーをいただきましたが、先生が「事務所《じむしょ》の方へ、毎週火曜日に通ってこられますか」と言って下さいましたので、幼稚園が終わると、何をおいてもすぐ守山《もりやま》に向かいました。

通いはじめる頃には、新しく二個ほどこぶが増えていました。しかし直接《ちょくせつ》パワーをいただいた第一回目の十月十九日に、新しくできたこぶは消えてしまいました。

そして一番心配した痛みも、ほとんど消えてしまいました。ただ一番古い大きなこぶは、靴《くつ》も履《は》きにくいぐらいに、大きく垂《た》れ下《さ》がるように残っていました。お友達のお母さんたちにも「大丈夫なの？」と聞かれるぐらい大きく、醜《みにく》いと言ってよいほど腫れあがっていたのです。でも、痛みがないのが幸《さいわ》いでした。

二回目のパワーを受け終わった頃、今度は母親の私に問題が起こりました。検診《けんしん》の結果、大腸癌《だいちょうがん》の疑いがあると出て再検査を受けるように知らせてきたのです。

これから年末を迎えなければならない、というより、家業や家事、四人の子育ては誰《だれ》がするのか、どうなるのかと頭の中がパニックになりました。そういえば真理の勉強を始めてから一度胃《い》の検診にもひっかかり、真理に適《かな》った思いで写経《しゃきょう》をし再検査に臨《のぞ》み「何もできていない。少し荒《あ》れている程度《ていど》だ」と言われた体験を思い出し、今度も写経をして頑張《がんば》ろうと思いましたが、三回目に池田先生に出会った時に聞いていただき、子どもの後でパワーを受けました。

四回目の十一月九日が再検査の結果発表でしたが、真理で教えられているように、悪いことは一切考えず「真実相《しんじっそう》」ばかりを念じておりましたら、その通りの答えが出ました。午後、池田先生に会えるのですが、あまりにうれしかったものですから、電話で先に報告しましたら、先生もたいそう喜んで下さいました。

実家の母も、私に何かあったら「手伝ってやりたくても何もできない」と心配してくれていましたので、このことを話すと、とても安心してくれました。

そんなことがあってあと一回先生の所に行ったのですが、子どもの足は、目に見えて変化はありませんでした。

先生は「今まで入れただけのパワーは蓄積《ちくせき》されています。大丈夫です。体に不必要なものは、必ずとれてしまいます」とおっしゃいましたので、先生がお忙しいこともあり、少し様子を見ることになりました。

子どもの足がこれ以上良くならない原因は何か自分にあるのでは、とも考えてみました。

減反《げんたん》で田を畑にかえ、夏の暑い日も、日曜日になると畑で汗《あせ》を流す両親の「しんどい、しんどい」という言葉、床《ゆか》じゅうが土だらけになる収穫物《しゅうかく》、食べ切れないほどのシシトウ、山ほどもあるナスなどが恨《うら》めしく「そんなにしんどかったら、しなくてもいいのに……」と、一生懸命《いっしょうけんめい》働いてくれる親に感謝する気持ちを持たず、土や収穫された野菜に感謝できなかった自分を深く反省し、先生に話したら涙がぽろぽろ出てきました。

同じようなこぶや軟骨《なんこつ》ができて、パワーを受けた直後や二日後に治られた人もありますが、中には日数のかかった人もあると聞きました。手の中指《なかゆび》の第三関節にそれができて、いつの間にか治ったという人のお話を直接聞くこともでき、真理のテープを聴《き》いたり、本を読みました。それがあると意識《いしき》している間は、治るものも治らない、真理を生かして、自然治癒力《しぜんちゆりょく》を信じて生活していると、現代医学でも治《ち》療《りょうこんなん》困難とされている赤痣《あかあざ》まで消えたことを学び、もう子どもの足を意識して見ることをやめようと思いました。

夜のパワーの時間には、ただ真実相を現わしていただくのみを祈《いの》り、父母に感謝することに専念《せんねん》しました。

そして本当に忘れた頃に、何事もなかったように、痛みがあって醜くて、靴の履きにくかった大きな関節腫は消えてなくなっていたのです。

このほかにも不思議《ふしぎ》な体験があります。

仕事でお寺を新築《しんちく》中に、当時七十二歳の義父《ぎふ》が、四メートルの足場《あしば》から転落《てんらく》しました。

幸い、頭も背中《せなか》も打たず、股関節《こかんせつ》の脱臼《だっきゅう》とそのほかの細かい骨の骨折《こっせつ》だけですませていただきました。が、股関節の復旧《ふっきゅう》は一～二時間くらいかかり、老人にはリスクが大きく、人によっては骨がばらばらになることや、手術が必要な場合もあり、またそれにより歩行困難《ほこうこんなん》になると説明され、一時的な安堵《あんど》もどこへやら、たいへん心配いたしました。池田先生に電話をして、パワーを十分間いただいたところ、股関節が本当に十分間で元に戻り、もちろんどこにも後遺症が残らないで完治《かんち》しました。精神面《せいしんめん》でも怯《おび》えることなく、義父は再び仕事場に戻り、当地域《ちいき》の皆《みな》さんに喜んでいただける立派《りっぱ》なお寺の落慶《らっけい》の運びに一役《ひとやく》買って働き続けてくれました。家族みんなが心より感謝いたしましたのも昨日《きのう》のことのようです。

また、呑気《のんき》な母親と言われるかもしれませんが、娘が三歳の時、発疹《ほっしん》に気づき、心配になって翌日《よくじつ》病院に連れていったところ、お医者様に「水ぼうそうの治りかけですね。かさぶたになっていますよ。今まで気がつきませんでしたか」と言われました。驚いたことには、彼女は池田先生のパワーの入ったお水を、せっせと勝手《かって》にたくさん飲み続けていたのでした。

四人の子どもたちは、おかげさまで元気で、絵の得意《とくい》な子、縫《ぬ》い物《もの》や編《あ》み物《もの》の好きな子、それぞれ個性的に育ち、学校や幼稚園をほとんど休んだことがありません。上の二人は毎年皆勤《かいきん》です。

これからも、自然の法則、真理を勉強し、それを生かす暮らしを心がけ、いつも笑顔《えがお》でいられる母親、そして女性であるよう努力していきたいと思っています。

苦しい時の神頼《かみだの》みという言葉がありますが、私はいつも苦しい時の先生頼みで申し訳ありません。どんなに小さな悩みも親身《しんみ》になって聞いて下さる先生、そして解決へ導いて下さる先生、本当にありがとうございます。

大変なスケジュールの毎日、ご自愛《じあい》下さいませ。

大津　馬場典子

ともだちの　手からつたわる　あたたかさ

――二〇〇〇年 大津市人権標語 特別賞 長等小学校一年　馬場玲佳（馬場さんの二女）

良い木には、いずれ必ず良い実がみのる

この手紙の内容のように、パワーを受けても祈っても、すぐに希望する答えが得られない時があります。執着《しゅうちゃく》したり緊張《きんちょう》したりの心が、自然の動き、自然の癒《いや》しの妨《さまた》げとなっている場合もあります。

パワーや祈りの答えがすぐに現われなくても、これはもう駄目《だめ》なんだと失望《しつぼう》しなくてもよいのです。聖書《せいしょ》にも「終わりまで耐《た》え忍《しの》ぶものは救われん」とあります。「辛抱《しんぼう》は金なり」という言葉も奥が深いです。しかしどんな辛抱の仕方《しかた》でもよいというものではありません。がむしゃらに努力すれば物事が達成できるかといえばそうでないように、それが成就《じょうじゅ》できる筋道《すじみち》に沿《そ》って努力辛抱するというのが一番大切なのです。

京都にいて、大阪に早く着くために、食事、休憩《きゅうけい》時間も惜《お》しんで、真面目《まじめ》に反対の米原《まいばら》方向に走っても大阪には着きません。

本人にとって必死《ひっし》の努力でも、やらない方がよかった、徒労《とろう》だったでは哀《あわ》れです。どの成功にもそこへ至《いた》る確かな道が用意されているのです。

私は今、ＫＡＣカルチャースクールの講師《こうし》をさせていただいています。装道《そうどう》、華道《かどう》、書道、ヨーガその他をお伝えしていますが、やはり、どの道も、手順よく無駄《むだ》なく最小の労力《ろうりょく》で良い結果が出るよう先達《せんだつ》は説《と》かれています。

宇宙の中の自然と共存共栄《きょうぞんきょうえい》するための人命《じんめい》の道というのが唯一《ゆいいつ》、真理です。どんな国境、宗教、人種をも超え、全人類が適用しても、必ず答えの出るのが真理です。病院やしかるべき機関に出向いても解決しなかった病気や問題が、治ったり解決すると、人は奇跡《きせき》と言います。しかし、真理を実践《じっせん》すれば、早い遅いはあっても必ず、最も良い答えが出るものです。これは不思議でもなんでもありません。むしろ答えの出ない、お金ばかり要求される宗教を疑《うたが》わないのが不思議です。

答えが出ないだけならまだしも、家族の一人が得体《えたい》の知れない宗教に入信《にゅうしん》したことに端《たん》を発《はっ》し、その家族が不幸になったり、本人が社会復帰《ふっき》できないなどという現実もあります。

悩める人々の心を救い、問題を解決し、希望を与えなければいけない教祖《きょうそ》が、私利《しり》私欲《しよく》のために、悩める人から多額《たがく》の金銭《きんせん》をせしめ、さらに地獄《じごく》へ突《つ》き落《お》とし、やがて対象《たいしょう》を家族、社会へと悪の範囲《はんい》を広めていくなどもってのほかです。

ある教団《きょうだん》に入信するとは、自分の生き方をその教団独特《どくとく》の生き方に変えるということになります。

その中心人物は、その家族を大切にしているか、家族もその人物を信頼《しんらい》しているか、派手《はで》で贅沢《ぜいたく》な暮らしや、特異《とくい》で奇妙《きみょう》な行動はないか、近隣《きんりん》の人々と調和し、信頼を得ているかを目安《めやす》とすれば、選択《せんたく》に困らないでしょう。

その道に精進《しょうじん》し、努力が実って教祖のような人物になれると思いきや、その教祖が大罪《たいざい》で牢獄《ろうごく》に囚《とら》われの身とならば、潔《いさぎよ》くそこは立ち去るのが賢明《けんめい》です。

真理に、「成りたる実を見て、その木の善《よ》し悪《あ》しを知れ」とあります。

良い木、良い教えの上には良い実が成るのです。良い身（実）でない者は悪です。

わずかしか飛べない虫も、駿馬《しゅんめ》の尾につかまって行ったことのない世界に行けます。

蔦《つた》、葛《かずら》も大木に添《そ》えば天高く伸びられます。また、猪《いのしし》の尾について千尋《せんじん》の谷底に落下する虫もいるでしょう。

せっかくの人生です。自分の希望する方向に進んでいる教えや友達についていきたいですね。

著名《ちょめい》な人生の先輩方が述べられている「いちずに一ツ事」「いちずに一本道」という生き方もあります。私の場合、「こういうことも教えていただけるのかと思っていました」と、未挑戦《みちょうせん》の課目《かもく》を要望《ようぼう》されますと、できるだけお応《こた》えしたいと思ってしまいます。「神の子は、努力すれば何でもやれる」と現在は、今述べました装道、華道、書道、ヨーガのほかに調理師、整体師《せいたいし》まで取得《しゅとく》させていただきました。

今後、何が増えるかも楽しみです。「いちずに一ツ事」ではないのですが、どのことも、皆さんに良い人生を表現していただくお手伝い、幸せになっていただきたいと思う一途《いちず》な一本道には通じていると思っています。

進路選びは慎重に

人は、心に思っていることを表現し、相手にそれが理解され認《みと》めてほしいと思うものです。

物にはすべてに中心があります。顕微鏡《けんびきょう》で見ないと見えないような細胞《さいぼう》にも核《かく》という中心があるようにです。家にも大黒柱《だいこくばしら》があって、風雨《ふうう》や災害《さいがい》に耐《た》え、崩《くず》れないようにしっかりと全体を支えてくれています。家族でも、父親かそれに代わる人が中心となってまとまって生活しています。会社には社長という中心者がいて、会社の営業成績が良くなるように考え、社員にそれを社訓《しゃくん》という言葉で伝え、お互《たが》いに努力しています。

皆《みな》がばらばらにものを考え、勝手《かって》なことをしていると、物事はまとまらないばかりか、事故《じこ》まで起こすことになり、良くないこと、不幸な人ばかりになってしまいます。

特に家には、代々引《ひ》き継《つ》がれてきた家訓《かくん》というものがあります。それが、その世代の中心者の心です。良い家訓、中心者の心に添《そ》うよう努力し続けると、そこに住む人々は独特《どくとく》の雰囲気《ふんいき》が醸《かも》し出されるようになります。家風《かふう》と言われる各家庭の生活様式《ようしき》、家の個性です。

宇宙にも中心者があります。それを宗教では、神とか仏と言うのでしょう。

宗教は、神の真《まこと》、中心者の思いを正しく伝えるものでないといけません。

宗とは宇宙の心を示し、全体が天国、幸福になる教訓《きょうくん》がすなわち宗教と言えるのです。

にもかかわらず、偽《にせ》の宗教が氾濫《はんらん》し、そんな教団の中心者、教祖《きょうそ》に、先祖代々引き継ぎ守られてきた宗教、田地田畑《でんちでんぱた》を奪《うば》い取られ、最後には身も抹殺《まっさつ》されるという、いかがわしくいまわしい事件が後を絶《た》ちません。

そういう類《たぐい》の中で、皆さんの記憶《きおく》から消えることのない、身の毛もよだつあの地下鉄サリン事件、ミイラ化した遺体《いたい》を死んでいないとまかり通らぬことを「定説《ていせつ》」として振りかざす教祖、聖書には手相《てそう》は書かれていますが、勝手に足裏《あしうら》を診《み》て病名をつけ、不安に陥《おとしい》れるなど、一体どこが宗教なのかと叫《さけ》びたい思いは、私ばかりではないと思います。そこには頭脳明晰《ずのうめいせき》で有名な大学を卒業したエリートが入信《にゅうしん》していたと言われるのですから、さらに驚《おどろ》きです。

これらも、真の宗教は何を基《もと》としているかという最も大切な部分を知らなかったところから起こった悲劇《ひげき》でしょう。

不幸の原因はいろいろありますが、なかでも一番不幸なことは、無知《むち》であることだと思います。仮に、病気や災難《さいなん》に遭《あ》ったとしても、それを治す正しい方法や、解決する正しい道を知っていたら、早期《そうき》に不幸は解決いたします。無知であると、今幸せであるのに、自ら不幸の方向へどんどん進んでいったりしてしまいます。

進行方向を選ぶ時は慎重《しんちょう》にしたいものです。様子を見ながら進み、間違《まちが》いないと確信できれば今度は勇気と継続《けいぞく》です。

童話　おしどりものがたり

日本《にほん》で一《いち》ばん広《ひろ》いみずうみといわれるびわ湖《こ》には、たくさんの生《い》きものが住《す》んでいます。

その中《なか》に、茶色《ちゃいろ》の水鳥《みずとり》が一羽《わ》いました。仲間《なかま》からは「よごれどり、ゴミどり」と言《い》われていじめられ、きらわれていました。

びわ湖には、うみの主《ぬし》と言われるなまずのおじさんが、ずうっとむかしから住んでいます。

このなまずの体《からだ》は、水鳥たちのなん倍《ばい》も大《おお》きくて、長《なが》いりっぱなヒゲをはやしていました。こわそうに見《み》えますが、本当《ほんとう》は、やさしくて、ものしりです。

茶色どりがいじめられているのに気《き》づくとすぐにやってきて、長いヒゲをパシャパシャとムチのように大きくふって、いじめどりたちをおっぱらってくれました。そして「勇気《ゆうき》を出《だ》すんだ、明《あか》るく生《い》きるんだよ」と、勇気づけてくれるのでした。

ある昼下《ひるさ》がりのことです。

はげしい夕立《ゆうだち》がきました。雨《あめ》は久《ひさ》しぶりだったので、泳《およ》いでいる鳥たちも、シャワーのような気分《きぶん》で、頭《あたま》から羽根《はね》のすみずみまで、すっかりきれいになれました。

雨が上《あ》がると、今《いま》まで見たこともない美《うつく》しい橋《はし》が、みずうみにかかりました。

茶色どりは、なまずのおじさんにたずねました。

「あの色《いろ》のきれいな大きな橋は何《なん》ですか」

「あれは虹《にじ》というものだ。あの橋は大急《おおいそ》ぎで渡《わた》らないとすぐに消《き》えてしまう、またの名《な》を夢《ゆめ》の橋と言ってな、あの橋を渡ると夢がかなえられるのだ」とおしえてくれました。

こんな話《はなし》をしている間《あいだ》に、その美しい橋はやはり消えてなくなってしまいました。

茶色どりは、とても残念《ざんねん》に思《おも》いました。「こんど、あの橋ができたら、すぐに渡ろう。そして、いっしょにあそべるお友《とも》だちができるようにお願《ねが》いしよう」と考《かんが》えると、心《こころ》がワクワクして、待《ま》ちどおしくてなりませんでした。

それからしばらくたった、やはり雨上がりの冬《ふゆ》に近《ちか》い日《ひ》、待ちに待っ

た虹の橋ができました。

茶色どりは大急ぎで、橋のふもとから一気《いっき》に虹の橋をかけ上《のぼ》りながら、「いつもいっしょにあそべるお友だちができますように」とお願いしました。

お願いがやっと言いおわると同時《どうじ》に、その夢の橋は消えてなくなってしまいました。

さあ、たいへんです。茶色どりは、高《たか》いところから水に「ボチャン」と音《おと》をたてて落《お》ちてしまいました。

でも、大丈夫《だいじょうぶ》です。水鳥ですから、体を立《た》てなおすと、すぐに水かきを広げて泳ぎました。

ところが、その時《とき》には、もう茶色どりではなくなっていたのです。

橋は七色《なないろ》、赤色《あか》、だいだい色、黄《き》色、緑色《みどり》、あお色、あい色、紫色《むらさき》でできていて、その上を通《とお》った茶色どりは、すっかりその色に染《そ》まっていたのでした。

見ちがえるほど美しい羽根になっていました。そして落ちたすぐそばに、一羽の水鳥が泳いでいましたが、近づいてきて「これから、ずうっと仲《なか》よしでいようね」と、言いました。

いじめられどりが、勇気を出して橋を渡ったので、願いごとがかなえられたのです。

びわ湖のほとりに、びわ湖の一部《いちぶ》をそのまま使《つか》って建《た》てられた「びわこ博物館《はくぶつかん》」があります。そこに「おしどり」と表示《ひょうじ》されている美しい鳥が、二羽《にわ》いつも仲よく泳いでいます。

それが夢がかなった茶色どりです。

博物館で、おしどりを見つけたら、このお話を思い出して下《くだ》さい。

どんな時も明るく夢を持《も》って生きれば、おしどりのように願いごとがかなえられます。

おわり

第3章

人生で大切なこと

夢に乾杯！

おおよそ、目的を持たないで生きている者は、水上の浮遊物《ふゆうぶつ》のような者であります。それは水の量の多少、風の強弱《きょうじゃく》、また風向《かざむ》きが変われば、それに影響されてのみ移動するという極《きわ》めて自主性《じしゅせい》のない者であります。一切を周囲に任せてのみ生きるという人であります。が、これも良い意味でならまわりと調和《ちょうわ》して良いように考えがちですが、物事が上手に運ばない時に、すべて環境《かんきょう》、社会のせいにして、世を儚《はかな》み、生きる楽しさを失ってしまうのであります。

マラソンを例に挙《あ》げれば、それは、もっとはっきりわかると思います。

ご存じのように、運動場一周をかけ足するような距離《きょり》をマラソンと言ったりはしません。普通の呼吸ができなくなるほど息せき切って、辛《つら》く、足が痛《いた》く、だるく、全身の疲労《ひろう》で今すぐにでも落伍《らくご》して休みたい状態が、スタートのいくらか後にずうっと続くのです。

しかし、ランナーは「ゴールに着きたい」という目標を持っていますから、よほどの身体の不調《ふちょう》か危険を感じるハプニングが起こらない限り、走ることをやめません。

何キロコースに挑《いど》んでいるか自覚し、それ相応の練習で自信をつけ、スタートに及《およ》んでは、それなりの覚悟《かくご》で出発していますから、普通の人が大変苦しいと思われるコースでも完走し、ゴール到達《とうたつ》の醍醐味《だいごみ》が味わえるのです。

目標を持てば、人は無意識《むいしき》にでもゴールに辿《たど》り着《つ》こうという気持ちが働きますから、目標や夢のない人に比べれば、本当に知らない間に努力し、頑張《がんば》れるものなのです。ゆえに偉人《いじん》・賢人《けんじん》は、生《い》き甲斐《がい》のある人生にするために、「各人が夢を描《えが》け、目標を立てよ」と忠告されるのです。クラーク博士の有名な言葉「ボーイズ ビー アンビシャス」もそうです。

夢や目標を持つと、確かに肉体の疲労度《ひろうど》も異なります。

それが単なる広い運動場を一周することでさえそうです。

①練習をサボった罰《ばつ》として走らされる場合

②身体の不調を整えるために、他者から命令されて病身《びょうしん》をかばいながら走る場合

③今の自分をより強健《きょうけん》にし、容姿《ようし》を保つために走りたいと思って走る場合

④幼い頃からの夢だったオリンピック出場予選がいよいよ間近《まぢか》に迫《せま》ったため、胸躍《おど》らせながら、期待と気迫《きはく》で走ろうとする場合

同じ人が同じコースを走る場合でも、その時の心境《しんきょう》は、たとえただけでもこんなにあるのです。

そしてそれらを行なった後、その人の心身《しんしん》に及ぼす結果は、ストレスになったり、リフレッシュになったりで、同一ではないのです。

なかでも、①、②のように気が進まないのに走るに及んでは、せっかく走ったにもかかわらず、それに見合った身体への成果は上がらないばかりか、極度《きょくど》の疲労とストレスが生まれます。

③は、自らやろうと自主の心が働いた場合は、それなりの努力の良い結果が表われ、④では、緊張《きんちょう》で萎縮《いしゅく》せずリラックスして行なえば、スタミナも長時間維持《いじ》でき、新記録も出るというものです。

夢を持つ、目標を定めるということは、目指す行き先がある人生ということになりますから、心が集中し、よそ見をしたり、迷《まよ》ったりしなくなります。ゆえに、日々ゴールに向かってどれだけ近づく努力ができたかを自覚し、生《い》き甲斐《がい》のある生活を送

れるのです。

癌《がん》や不治《ふち》の難病《なんびょう》と言われる患者たちが集《つど》い、エベレスト登山を試みた結果、ほとんどの人が登頂《とうちょう》に成功し、その間、登ることだけを考えていて病《やまい》を忘れ、病気の進行が止まった人もたくさんいたそうですから、夢や目標を持っていると病や悩《なや》みに心が働かないのです。夢が各自に与える好影響は多大なものがあります。

私にも夢があります。それは幾度となく使う言葉ですが、「真理は汝《なんじ》を自由ならしめん」――真理をまだ知らない方、できるだけ大勢《おおぜい》の方々にお伝えし、悩みや迷《まよ》いから脱却《だっきゃく》して、「人生って楽しい」と心底から、人間として生まれたことに感謝し、喜びを感じる毎日を送っていただきたいことです。個人的な夢としては、私が生きている地球の現状、日本と世界を、自分の表現体である身体を使ってしっかり観《み》ておきたいことです。

限られた人生では、とても無理ですが、せめて、日本の都道府県の県庁所在地《けんちょうしょざいち》と、世界の各国の首都《しゅと》を訪れてみたいと思っています。わが国のそれは一部を残すのみになりましたが外国へはまだ、仕事を兼《か》ねて数カ所訪《おとず》れはじめたばかりです。簡単に叶《かな》わないだけに、夢を見、夢が実現することに対しての努力と、それを待つ間は、楽しくて心がワクワクし、それが身体に好影響を与えるのでしょうね。
あなたの夢は何ですか。ともに夢を持ちましょう。あなたと私の夢に乾杯《かんぱい》！ です。

五十路《いそじ》でも青春切符《きっぷ》乗《の》り継《つ》ぎて
今宵《こよい》の宿《やど》は水戸《みと》の名月《めいげつ》

アルバイト始めし息子給料《きゅうりょう》で
まかなえぬ程《ほど》夢を語りぬ

バレリーナ目指す子くれしチケットは
夢の世界にわれを誘《いざな》う

冨士《ふじ》登山靴《くつ》履《は》き慣《な》らす夜明け街

生命の核心

私は、人間社会の矛盾《むじゅん》や不公平などの理解に苦しみ、この悩《なや》みを解決する方法はないものかといろいろな方のお話を聞いたり、いろいろな宗教の本も取り寄せて読みました。早く起きて修行《しゅぎょう》する会も、三年間、早朝三時頃起床《きしょう》し、一番のりで「みそぎ」掃除《そうじ》を続けました。お誘《さそ》いを受けモラルも受講《じゅこう》いたしました。

一歳と八カ月で父と死別《しべつ》し、多感《たかん》な学生時代に突然《とつぜん》親友が天国に召《め》されたショックなどから、私にとって、特に生命は不可解《ふかかい》なものでした。ですから、一生懸命《いっしょうけんめい》、その方の見聞《けんぶん》を広めました。

しかし、どの宗教もどの教えも、私の一番大きな疑問《ぎもん》を解《と》いてはくれませんでした。

二十三歳で人並《ひとな》みに結婚し、二十四歳で長女、二十八歳で次女を出産しましたが、その後はもはや、明るく生きる気力も失っておりました。

そんな私にも転機《てんき》が訪れました。

子どもと散歩に出かけ、子どもの要求で使用したかった公衆《こうしゅう》トイレが、汚物《おぶつ》で盛り上がり、足も踏《ふ》み入れられない状態だったことに端《たん》を発《はっ》して、その国定公園だった豊公園のトイレの早朝の清掃奉仕《せいそうほうし》を思い立ちました。

「与えよ、さらば与えられん」の真理に適《かな》った行動は、体力のない、季節の節目《ふしめ》に体調を崩《くず》す私に、疲《つか》れにくい、健康な身体を与えてくれました。

しかし、心はまだ生命に対しての解き明かされない疑問に苦しく、真の生《い》き甲斐《がい》を感じていませんでした。

いよいよ年が明けると三十歳になるという年末、年明け元旦《がんたん》から百日間の水行《すいぎょう》を思い立ちました。

果《は》たして、このことで、私の疑問に対しての答えが出るか否《いな》かはわかりませんでしたが、「求めよ、さらば与えられん」という真理にも懸《か》けてみることにしたのです。

除夜《じょや》の鐘《かね》が鳴って年が明けると、私はサラシで作った衣装《いしょう》に着がえ、厳《おごそ》かな気持ちで決行しました。

雪の多い湖北《こほく》の水は、とても冷たく、明日もできるだろうかと、行が一回終わるごとに不安でしたが、四月十日までの百日間、体調のすぐれない日もありましたが敢行《かんこう》しました。百日水行の詳《くわ》しい模様《もよう》は『真理《まごころ》の法則』（現代書林）を参照して下さい。

真理は、万人に適応《てきおう》するのです。

一介の主婦の私が、必死《ひっし》で求めた生命に対しての答えが得られたのです。生命は、どんな使命を持って、いずこから来て、その使命を果たし終えれば、どこに帰るのかを、知恵として与えられたのです。

「求めよ、さらば与えられん」と言うけれど、「世の中、そんなに甘《あま》いものではない」と宣《のたま》う人もおられます。確かにそれも一つの道理《どうり》だと思います。

おざなりな気持ちでは、宝物《たからもの》は手に入りません。それは、道にダイヤや宝石《ほうせき》が簡単《かんたん》に落ちていないようにです。希少価値《きしょうかち》の物や、大切な物は、必死で掘《ほ》り当《あ》てるか、真剣《しんけん》に探すか、一生懸命に働いた代償《だいしょう》として得られるのです。そうです。甘い考えでは何事も成就《じょうじゅ》しません。

お正月、初詣《はつもうで》に出かける人も少なくないと思います。いろいろなお願いをして神社の鈴《すず》を鳴《な》らしますが、いい加減《かげん》な思いですとその程度《ていど》しか鳴りません。ところが、力を込めて真剣に鳴らすと、しっかり鳴るのです。

宇宙、自然の力を「神力《しんりょく》」といえば、神力は真剣さ、真《まこと》に感応《かんのう》するのです。

自然力や神力は、物でありませんから見えません。それは、希望を叶《かな》える、愛、生命、知恵、喜び、供給《きょうきゅう》、調和、癒《いや》し、美など、お金で買ったり、見たり触《ふ》れたりできない力で、必ず与えられるのです。怪我《けが》をした時、手当ての後、空気（自然力）に触れさせることで、新しい皮膚《ひふ》がしっかりできて治るようにです。

私の場合も、水行の直後は、インスピレーション・第六感《だいろっかん》という形で、一番欲しかった生きる喜びを与えられました。ほかに、夫の栄転《えいてん》、新築家屋《しんちくかおく》、家庭生活に支障《ししょう》をきたさない主婦に最適の仕事と、次々与えられました。

世に言う母一人、息子一人の家に嫁《とつ》いだ私も、ご多分《たぶん》に漏《も》れず、心の葛藤《かっとう》がありましたが、これも真理により短期間で解決調和しました。このことについても『真理の法則』を参照《さんしょう》して下さい。

元気だった姑《しゅうとめ》も、六十七歳の時体調を崩し地元の総合病院で四カ月ほどの看病《かんびょう》を要しましたが、病院の外泊許可《きょか》をもらって姑の家に戻り、二人で手をつないで休んだ夜、安らかに息を引き取りました。

夫と力を合わせて建《た》てた姑の家も、大きくはありませんでしたが、喜んでくれましたし、長男が生まれた時も、喜んで抱《だ》いて歩いてくれました。

　この長男誕生《たんじょう》にも秘話《ひわ》があります。

「人間が本当に神の子であるなら、生まれてくる子に神の存在《そんざい》の証《あかし》をお示し下さい」と、今度は長男をと願った上に、もっと神を信じたい思いで念《ねん》じておりました。

　当時も多忙《たぼう》で、どうしても一週間しか休暇《きゅうか》が取れず、苦肉《くにく》の策《さく》で、出産日もお医者さんが書き込まれた予定日以外を希望し、かつ無痛《むつう》出産をと祈《いの》っておりました。

　他人に迷惑のかからない願いごとなら、神の力は全能《ぜんのう》ですから、いくつあっても聞き入れていただけるのです。一度に多くの願いは無理なのではと考えるのは、神力を過小評価《かしょうひょうか》し、侮辱《ぶじょく》することになります。

　一度に多くを願っても叶えて下さるのは、その一つ一つが、その人にとって最も良い時期になるのです。そして神は、一人一人の生き甲斐のある幸福な生活を見ることを、第一の理想としておられるのです。

　神の御心《みこころ》に甘え、お任《まか》せして、日々の生活に勤《いそ》しんでおりましたところ、予定日より半月近くも早い私の希望日に、無痛出産し、病院の関係者の方々に「皆がこんな楽な出産だといいのにね」と言っていただきました。

待ち望んだ通りの長男でした。

そして、その新生児の額《ひたい》の中央部には、観世音菩薩《かんぜおんぼさつ》の額にある凸部と同じ位置に、同じ凸部がくっきりと浮いていたのです。

長男は、私がいくつも出した神への願いの答えを全部持って生まれてきたのです。

その一週間後、見事に社会、職場復帰《しょくばふっき》を果たし、健康で今日に至っているのです。

もう、神力、神様を疑《うたが》う材料は見当たらないのです。私は全面降伏《こうふく》しました。

神様の御心に適うように、喜ばれるように、神様の子として生きようと決めました。

我《が》の心を捨《す》て、御心のままにと心を開け放し、素直になろうと思いました。

昔から良い教えを伝える時、我の強い者や医者と学者は後回しと言われるのは、自分のポリシーや固定観念《こていかんねん》・知識がいっぱいの人は、他からの進入を許《ゆる》さないと思われたのですね。

でも、私のスクールメンバーには、学校の先生もお医者様もおられ、良い人づくり、健康づくりに励んでおられます。

素直になって心を開け放すと、本人のみならず、周囲もうんと幸せになるのです。

人間の使命

天の命《めい》を受けてこの世に生まれてきましたから、それぞれの人が、自分の命は天から与えられたもので、自分の力ではどうすることもできないものがあることを知っています。

人々の祈《いの》りの中に、「天命や天寿《てんじゅ》をまっとうさせて下さい」とあるのは、心の中に「命の源《みなもと》である神の心に適《かな》いたい、肉体という表現体を持って生まれた地球上での使命を果《は》たしたい」という自然の思いがあるのです。

それは、子どもがこの世に乳児《にゅうじ》として新生《しんせい》すると同時に、自分の生命と身体を保護・保育するために、傍目《はため》から見れば無意識《むいしき》におっぱいをまさぐり探《さが》して飲もうとします。

体験したことも学んだこともないことが、行動できたり、意識できたりするのが本能です。無意識と見えても、それは天から与えられたしっかりとした意識です。

この世での使命を果たせるための能力は、個々の生命の中に、それぞれ目には見えませんが、確実な形でインプットされているのです。植物の種の中に、根、茎《くき》、幹《みき》、蔓《つる》、枝《えだ》、葉、花、実、に成長していくための必要なものが用意されているのと同じです。

天から命じられた、天命。生まれることを命じられた、生命。それはまったくもって二人として同じ人生はありません。

指紋《しもん》、声紋《せいもん》、ＤＮＡなど、現今《げんこん》、数十億人という人口の中にまったく同じ形がないようにです。

厳冬《げんとう》に一晩で降《ふ》り積《つ》もっているあの雪の結晶体《けっしょうたい》も、一つ一つ微妙《びみょう》に異《こと》なっているのです。

植物でも、根、葉、花弁《かべん》、どの部分をとっても、よく似ていても同じものはありません。

それほどまでに天（神）は私たち一人一人に思いを託《たく》されているのです。

人間として類似《るいじ》していることはあっても同一ということはないのですが、使命としての共通部分はあります。

人間の使命（四命）

一、働くこと

人が動くことで働くという文字になりますが、動くというのは、生きているから動くのですから、生命と身体を動ける状態に保《たも》つということです。ハタを楽にすることが働きというなら、一生涯《いっしょうがい》自分は楽になれないと思うのは間違《まちが》いで、ハタを楽にする、他の人に思いやりや愛情を分け与え楽しい思いになっていただくというのは、必ず、動―反動《はんどう》の作用《さよう》、「与えよ、さらば与えられん」の真理が働いて、外に働きかけた分、自分に与え返されるのです。

欲しいものを好きなだけ自ら取ってもよいという決まりがあったとしたら、他人のものを奪《うば》い合《あ》う犯罪者《はんざいしゃ》ばかりの社会、争《あらそ》いの毎日になってしまいます。

たとえ話にある、地獄《じごく》に落ちた餓鬼《がき》が、長い長い箸《はし》で食物を食べるように言われ、必死《ひっし》で食物を挟《はさ》んで自分の口元に持ってこようとしますが、届かない。繰り返している間に、食物が箸からポロリと落ちてしまって徒労《とろう》に終わる食事。

同じ立場であれば、まず相手を思いやって先に一口食べさせてあげる、長い箸も使いようでは便利です。すると今度は相手側から食べさせていただけることになります。

このように相手に、社会に、自然に対して自らが働きかけると、今の話のように食物だけでなく給料《きゅうりょう》という形や農作物《のうさくもつ》の収穫《しゅうかく》という形で返されます。形のない健康や、目に見えない信頼や徳《とく》となって返ってくる、無償《むしょう》の働きの結果もあります。

働く時の姿勢《しせい》、心構《こころがま》えは、やはり働かせていただくという謙虚《けんきょ》さでしょう。

傲慢《ごうまん》な態度の人は「あの人にならら、飢《う》え死《じ》にしたって食べさせてほしくないわ。してやった、してやったと横柄《おうへい》で恩着《おんき》せがましく言われるのなら」と拒否《きょひ》されます。

仕方なく世話《せわ》を受けてくれた人からも、ここという時に、しっかり仇《あだ》で返されることになるでしょう。変身できるものなら蜂《はち》になって一刺《さ》しですね。

就職《しゅうしょく》も、やはり働かせていただきたいと求める気持ちが成功します。食わせてやっていると思っている人の家庭、雇《やと》ってやっていると思っている社長、働いてやっているという社員、売ってやっているという店、買ってやっているという消費者、わびしいですね。天からいただいたお互《たが》いの命を大切に思いやりたいものです。

別々に流れている河を辿《たど》っていくと源流《げんりゅう》に着きます。

それらの河も二つとして同じ流れはありません。

全人類の命は、別個のように見えても源は間違いなく一つです。

生命の源が現存《げんぞん》するから、私たちは現われてきたのです。太陽があって、そこから光線が数知れず放たれているようにです。

本来、神も他の人も自分も一体なのです。死ぬと人は仏になると言われます。しかし、天満宮《てんまんぐう》には菅原道真《すがわらのみちざね》公が祭《まつ》ってあり、源義経《みなもとのよしつね》を御神体《ごしんたい》にしてある義経神社もあります。以前住んでいた長浜《ながはま》には、豊臣秀吉《とよとみひでよし》公が御神体の豊国神社がありました。この世で果たした偉業《いぎょう》（行なってきたこと）と徳の名だけが残るのです。人は死後、仏にも神にもなるのです。ネコが死んでヒョウになったとか、スズメが死んでカラスになったということはありません。人間は天の子、生まれる前から神であり仏であり続けているのです。個生命は存続《そんぞく》し、目に見えない命の根源《こんげん》に帰っていくのです。光線が太陽の元に吸収《きゅうしゅう》されるようにです。

今、この地球に神の生命を表現する手段として、生命に身体をセットして生活していますが、この世の使命が終われば肉体を離《はな》れ、魂《たましい》の高さに従い、見えない霊体《れいたい》となって生き続けるようです。

身体は死んで朽《く》ち果《は》てても、生命は宇宙の中心（神）がある限り永遠に死なないのです。

今、自殺《じさつ》したいと思っている人、肉体から無理に離脱《りだつ》しても、自分の生命からは逃《とう》避《ひ》できません。生命の親元に帰った時、「精一杯《せいいっぱい》、努力して、楽しく働かせていただいてきました」と報告できる生き方を見つけて下さい。魂の世界では、心明るく善《ぜん》を行なう徳の高い人に、自然と貴《とうと》い良い座《ざ》が用意されているそうです。

死に急がなくても、無理に死ななくても、一度は必ず肉体を去る儀式《ぎしき》があるのですから、この世から卒業します。きっと死ねます。

働くということは、身体という道具の使える箇所《かしょ》を生かしきって表現し、生きるということです。

まばたきの詩人水野源三《みずのげんぞう》さん、詩画家星野富弘《ほしのとみひろ》さん、バリアフリー活動家の乙武洋《おとたけひろ》匡《ただ》さんを見習って、身体の動きの可能な部分を使ってプラス思考方向に働き、生き続けることです。

兄弟や姉妹、夫や妻が自分に対して冷たい家庭があることは大変悲しいことです。

温かいミルクを飲みたいと思っても、配《くば》られたまま外に置いておいては温かくなりません。温かいミルクを飲みたかったら、ミルクを温めなければなりません。

してほしいようにまず相手にしてあげる。親切にしてほしかったら親切にしてあげる。優しく温かくしてほしかったら、優しく温かくしてあげる。人間同士だから、同じ体温を持っているから、心はよく伝わるはずです。

もめごとがあって心が淋《さび》しく寒い時が永《なが》くても、何かのきっかけで仲良くなれると、それまでのことが嘘《うそ》だったように心が和《なご》み、ホッとした経験は誰《だれ》でも持っていると思います。

現在六十八億とも言われる世界人口の中で、多くてもたった数人の家族です。お互いを思い合い温め合っていけば、不幸な家庭にはならないのです。

まず自分から相手が喜ぶように働きかけましょう。

二、善きものの継承

第二の使命は「善《よ》きものの継承《けいしょう》」です。

私たちは今とても便利な暮らしをしています。昔、火打ち石など摩擦《まさつ》で火を起こしていた人たちが、今、マッチやライターを見たら、さぞ驚《おどろ》くことでしょう。

着火《ちゃっか》一つとってみてもこんなに変化進歩《へんかしんぽ》しているのですから、生活全般の衣食《いしょく》住《じゅう》に関《かん》しては、言うにおよびません。

その他、交通《こうつう》機関《きかん》、通信《つうしん》機関、芸術《げいじゅつ》など有形無形《ゆうけいむけい》を問わず、あらゆる方面において進歩発達してまいりました。また乗り物を例にしても、駕籠《かご》から人力車《じんりきしゃ》へ時代とともに変わり、今は新幹線《しんかんせん》、飛行機《ひこうき》、豪華客船《ごうかきゃくせん》です。生活が、より楽に、便利に、速く、正確に、安全にと、人々が改良《かいりょう》、開発《かいはつ》、改善《かいぜん》、発見を重ね、工夫《くふう》し努力を継続《けいぞく》してきた結果が表現されているのです。

物質《ぶっしつ》の進歩、発達は、目や耳、身体の五感でしっかり確認できます。

しかし、心や魂の向上は、昔と比べてどうでしょうか。

昔にはなかった凶悪《きょうあく》な犯罪が増えてきています。銃《じゅう》は狩猟《しゅりょう》に使えば良い結果をもたらしますが、人に向ければ殺人《さつじん》です。ダイナマイトも、使う所によっては、どれだけの人力をもってしても処理《しょり》できないものに対し、一瞬にして信じられない威力《いりょく》を発揮《はっき》します。スマートなスポーツカー、小さな家ごと走っているかに見えるダンプカーも、作られた目的に適《かな》う使用で、楽しめたり工事が進んだりします。

小さい、大きいの問題でなく、人間生活に役立つものの大方が、使い方を間違えば目を覆《おお》う無惨《むざん》な事件になってしまうということです。

使う人。そうです。物は使う人の心にかかっているのです。残忍な犯罪は荒廃《こうはい》した心から出発しているのです。

かつてテレビやパソコン、自動のマシンがない時代は、生活がゆっくり流れていましたから、家庭生活も主人を中心とした家族の心の交流がありました。

一緒に食事をすることで、箸の上げ下ろし、いただきますなどの礼儀作法《れいぎさほう》や、食材を育ててくれた自然への恩恵《おんけい》、漁業《ぎょぎょう》や農作業《のうさぎょう》に勤《いそ》しんで下さった人々への感謝を教え、好き嫌いをせず、バランス良く楽しく食べることが、生活の中で自然な形で伝えられてまいりました。

今、朝食をとらないで登校する児童、一人で食事をすませる子が増え、食事マナーも感謝も知らずに多くの子が育っていきます。食事の面においてでさえ、今までの良いものが、伝えられていないばかりでなく衰退《すいたい》していると断言《だんげん》できます。

次の世代を担《にな》う子どもたち、地球をより住みやすい表現の場として守っていく使命ある人たちは心も身体も健康なことが不可欠です。

良くならないこと、良くなれないことを他人や環境、政治のせいにする前に、一つ一つの家庭で良い人づくりをする努力、「良い心を伝える」のが、善きものの継承の中で、物質に先がけて重要です。良い人づくりの最低の基本は「決して他人に迷惑《めいわく》をかけない、されていやなことは決して人にもしない」律儀《りちぎ》さです。

幼い時から過保護《かほご》にされエリート意識を持ち、さほどの荒波《あらなみ》でもないのに、都合の良くない障害《しょうがい》が目の前を塞《ふさ》ぐと、たちまち引きこもってしまう、社会に順応《じゅんのう》できない若者もいます。

私たちは今の世を楽しみ、より住みやすい地球にするために自然から選ばれて生まれた人間としての自覚と誇《ほこ》り、そしてみんなが仲間であることだけは必ず伝えていきたいものです。

三、個性の発揮

第三の使命は「個性の発揮」です。

特別な場合を除《のぞ》いては、人は努力を重ねることによってたいていのことはできるようになります。

しかしその努力の過程《かてい》において、喜び勇《いさ》んで取り組める人、反対にいやでいやで今すぐにでもやめたいと苦痛に思っている人もあります。前者は生き生きと楽しめ継続《けいぞく》して良い業績を収められますが、後者の場合は、ストレスで体調が乱れ、しばらくそれを離れて体調を整えても再度その場に戻るとまた不健康になるというのは、向き不向きがあるからです。

自分に向いているこの世での仕事、表現というのが個性です。自然から生まれた多数存在するものの中にさえ、同じものが二つとないと言うのですから、私たち一人一人も個性的に創《つく》られているのです。自分にしかできないこと、才能、能力に気づき、それを社会に表現していくことです。牡丹《ぼたん》の木に牡丹が咲きます。似ていても芍薬《しゃくやく》は芍薬として咲きます。

あやめも杜若《かきつばた》もそれぞれ個別です。人もそれぞれ異なる力が内蔵《ないぞう》されています。それが何であるかを生活しながら模索《もさく》するのですから、人生は宝探しのようなものです。

意外に早く自分の個性に気づく人もいれば、他人から教えられて気づく人もあります。なるべく早く気づくには、多方面に挑戦してみることでしょうか。「負ける人がいるから勝つ人がいる。だから頑張《がんば》らなくてもいいんだよ」という論理があるそうですが、「自分より優《すぐ》れている人を恨《うら》んだり妬《ねた》んだりしてはいけない。むしろ目標にすればいい。頑張って素晴《すば》らしくなる人が何人いてもいいんだよ。神様の命、能力を持っている人間は、努力すればいろいろな力が出てくるんだよ」と心強い応援をした方が、夢がわきますね。

そして、それが物心《ぶっしん》両面のレベルアップにもなるのです。

四、魂の向上

第四の使命は「魂の向上」、心の成長です。

精神を高めること、自分という本質を知りそれを最も良い状態に生かす心境《しんきょう》づくりです。

自分は、大宇宙、大自然の中から選ばれた使命ある分身という自覚を持ち、何からでも光明面をとらえ、喜び、感謝する不動の精神を養うことです。神心、仏心が理解・同化できるほど、自我を捨て去る努力をいうのだと思います。

使命を果たすというのは他のためでなく、正真正銘《しょうしんしょうめい》、自分自身の繁栄《はんえい》と健康、この世での成功が表現できる筋書きでもあるのです。

小さくても大切なこと

リチャード・カールソン著の『小さいことにくよくよするな！』という本が一時ベストセラーになっていると報道されました。

私はまだ読んではいませんが、きっと明るくなれて元気の出る内容だと思います。どんなことでも、くよくよして問題が片づくものでないことはよくわかります。それどころか、くよくよしていると好転《こうてん》するものも好転しない事態になってしまうこともあります。

しかし、小さいことだからといって、決してなおざりにしておいてもよいということではないと思います。

平成十年、郷ひろみさんが突然《とつぜん》の離婚《りこん》発表をし、それと同時に出版された『ダディ』という本も相当数売れたようです。私も、思いがけなく読む機会に恵《めぐ》まれました。

まず、パラパラとページを繰《く》って目を通してみると「僕は読書好きだ」と述《の》べられているように、きっとたくさんの本を読まれたに違いないと思える、語彙《ごい》の豊富さを感じ取り、文脈《ぶんみゃく》の確かさもうかがえて、「読むのは、もっと時間に追われない時になってから」のつもりでいたのですが、当日一気に引き込まれるように読んでしまいました。読書好きが今にきて大きな文章力として花開いたのでしょう。

その彼が、離婚の原因のところで以下のように書いているのが心に残りました。

「些細《ささい》なことの重要性を軽視《けいし》していたのだ。目に見える大きな問題よりも、見えないいことの積み重ねの大きさに気づくべきだったのだ。それがこの十年のあいだに膨大《ぼうだい》なものへと蓄積《ちくせき》され、シリアスな問題へと発展したことは言うまでもない」と、「塵《ちり》も積もれば山となる」という諺《ことわざ》が真理として書かれていました。

さらに「今となっては、自分の犯《おか》していることの重大性に、なぜもっと早く気づかなかったかと思うばかりだ」と後悔《こうかい》している様子が述べられています。ある格言集に「ズレは幸福を崩壊《ほうかい》する」とあります。

小さくても、郷さんの言うように重要なこともあるのです。

最初は小さな何かのズレが、月日を重ね、修復不可能《しゅうふくふかのう》な状態にまで大きくなって、やがて崩壊してしまうのです。

身体の骨のほんの少しのズレでも痛《いた》みます。ボタンのかけ違《ちが》いのズレがあれば、きちんと服を着られません。解答欄《らん》にズレがあればほとんどが正解になりません。国と国の心のズレは戦争にもなりかねません。

あるべき所に置き、行なうべきものは行なう姿勢は、実生活においても非常に大切なことです。包丁《ほうちょう》の置き場所は決めていないと危険です。赤信号で交通の往来の激しい所につっ込んでいけば、たちまち事故《じこ》につながってしまいます。

小さなことで重要なことやものはとても多いのです。人間の身体を見ても、骨や細《さい》胞《ぼう》、さらには目に見えない遺伝子《いでんし》など、小さな小さなものから成り立っているのは既《き》成《せい》の事実です。

これから成長していくもののほとんどは初めは小さいのです。たとえば、植物の種《しゅ》子《し》でも、動物の胎児《たいじ》でも、見えないものさえあると言われます。小さいもの、小さなことでも悔《く》いの残らない取り組みが望まれます。

確かに、大きい方が良いとされることもあります。まず第一に人としての器《うつわ》です。

何事にもこだわらない、たくさんのことを受け入れられる、幸せだって十分入るほどの器量《きりょう》。他のものにたとえれば、植木鉢《うえきばち》より畑。植木鉢で精一杯《せいいっぱい》大きくして、根が殖《ふ》えて鉢に収まらなくなって、畑に移植《いしょく》すると、驚《おどろ》くほど大きく成長し、幹《みき》も花も実もとても立派《りっぱ》になります。器が大きいと、幸せもそれに似合って大きくなっていくのです。

川には、メダカとかドジョウがいて、いくら大きくても一人の人間の手に負えないような生物はいませんが、大海《たいかい》には鯨《くじら》も、鮫《さめ》も生息《せいそく》しています。大きな器には、何でもよく入りますしよく育ちます。

お母さんがおふくろと言われるのも、その所以《ゆえん》です。子どもたち一人一人がいろいろなことをお母さんに言ってくる。やむを得ず注意しなければならない時は、姉や兄を妹弟の前で叱《しか》らないこと、ほめるのは皆の前が良いとされています。苦言《くげん》は、ホームランのあとでと言われるくらいですから、機嫌《きげん》の良い時にゆっくりしっかり言って聞かせたいものです。

昔はどの家庭も子だくさんでした。今のようにテレビもゲームもなく、家族同士が話し合ったり、楽しみを作ったりしましたが、いじめられたりしたことも全部お母さんに話していましたから、お母さんは、自然に大きなおふくろになっていきました。今のお母さんのようにおしゃれで身綺麗《みぎれい》にはできなかったでしょうが、辛抱強《しんぼうづよ》い破《やぶ》れないおふくろだったと思います。

子どもを育てる時は、「自分たちもそうして育ててもらったんだから、どのお母さんにもそんな時期があったのだから」と辛抱したのです。

辛抱とは、辛《つら》さを抱《かか》えるとありますが、一期間を辛抱するということです。辛という文字の一番上に一を加えると、辛抱は「幸抱」、そうです、幸せを抱えるに早変わりするのです。

子育ては確かに大変です。馬や牛なら生まれてから間もなくして、自らの足で立つのですが、人間の子は、お乳《ちち》も他の動物のように母親の乳房《ちぶさ》を探し当てて飲むことはできず、与えてもらわないと飲むことができません。犬は約一年ほどで成犬《せいけん》に育ちますが、人間の乳児《にゅうじ》が心と身体の両面で成人《せいじん》になるには約二十年を必要とします。他の動物に比《くら》べ人間の子育て期間は長いのです。その間に、社会に出て、迷惑《めいわく》をかけない、役に立つ、責任のとれる人格に、各家庭、地域《ちいき》社会の中で育てていくのです。

親が子を授《さず》かった以上は、親の命が果《は》てるまで、何歳《なんさい》になっても、自分の子どもとして気にかかるものですが、特に成人するまでは、病気、怪我《けが》、悪癖《あくへき》、悪行《あくぎょう》など一切を親の責任として、それらに関《かか》わらないよう日夜心を砕《くだ》くものです。そして、次の世代の健全な担《にな》い手《て》に、安心して日本ならぬ世界、地球、宇宙を任《まか》せていくのです。

最近は、結婚している人を見ていると自由がないように思えるので結婚しないという人、できるだけ自由を楽しんでから、自分の理想に合った人が見つかったら結婚するという人が多く、晩婚《ばんこん》の傾向にありますが、人間の本当の使命を知り、妊娠《にんしん》・出産に適《てき》した年齢がわかると、また変化してくると思います。

「私を幸せにしてほしい」という気持ちを捨《す》てて、「あなたを幸せにしてあげよう」という気持ちを持つ人は、幸せになれます。

女性は結婚すると、妻（嫁）、母、そして次の世代になると姑《しゅうとめ》という名に変化していきますが、その名前になった瞬間に、その資格《しかく》が与えられるかというと、決してそうではありません。簡単に言うと、それぞれの段階は、そういう名にふさわしい人格になっていける学習をしましょうという登竜門《とうりゅうもん》です。母になって間もなくして母親風を吹かせて「親の言うことを聞かない」と叱るのは、いかにも早計ということになります。

子どもはすべて地球の後継者《こうけいしゃ》です。どうでもよいことに対しての辛抱や努力ではないのです。

物事の善悪、道理《どうり》、人としての役割を理解できるような子育てをしておけば、やがてその子が伴侶《はんりょ》を連れ、一人が二人に、二人が四人になって、子育ての期間できなかった、やりたかったこと、楽しみたかったことを応援してくれるはずです。

その時は、後ろめたさもなく晴《は》れ晴《ば》れと安心してそのことに取り組めます。

辛抱をする時期は、自分を磨《みが》く時期として誰《だれ》にも用意されているのです。

楽な方、何事もない方に流され、だらだらと生きているだけでは、どんな好機《こうき》にも気づけないのです。

人生の現場

戦後《せんご》、日本女性の社会進出には、目を見張《みは》るものがあります。良い本性《ほんせい》、個性、才能に気づき、それを社会に役立てる働き、また何らかの出会いや目標を立て、それを継続《けいぞく》してきたことで身についたものを特技《とくぎ》として社会に生かしていこうとする働き、大いに結構《けっこう》だと思います。

平成十一年の夏、婦人警察官の制服《せいふく》が、キュロットスカートになったそうです。そして婦人という呼称《こしょう》も女性に変わり、女性警察官と呼ぶことになったのだそうです。労働省《ろうどうしょう》の婦人局が女性局と改称《かいしょう》され、その後厚生省《こうせいしょう》児童家庭局《じどうかていきょく》と統合《とうごう》して「雇用《こよう》均等《きんとう》・児童家庭局」になりました。自治体《じちたい》、行政用語《ぎょうせいようご》から婦人という言葉はほとんど姿を消したのではないでしょうか。

私も十年程前、地元の婦人消防隊員を任命されたことがあります。これも現在では女性消防隊と呼称されるようになりました。

ちなみに、改称されて定着しはじめているのではと思えるものや、まだ馴染《なじ》めていないと思えるものを少し挙《あ》げてみましょう。

○看護婦《かんごふ》に対応して看護師《かんごし》
○保健婦《ほけんふ》に対応して保健士《ほけんし》
○保母《ほぼ》、保父《ほふ》は一本化して保育士《ほいくし》など

呼び方が変わっても、中身は変わらず重要なことは言うまでもありませんが、婦人警察官を婦警さんと慣れ親《なした》しんできましたことからしてどんな人に対しても急に呼び方を変えるのは当初はぎこちないですが、いつの間にか慣れ親しむことになるのでしょう。

社会に出てバリバリ働く女性が多くなるのは、これからの女性にとって、「将来は私も」と夢や希望が持てて大いに結構かと思われますが、果《は》たしてこれから社会に巣《す》立《だ》っていこうとする、これからの日本、世界の担《にな》い手《て》になる子育てのできる家庭をつくっていくことができるかを考えてみると、非常に不安を覚《おぼ》えるのは私ばかりでしょうか。

衣服や物品《ぶっぴん》には必ず、表裏《おもてうら》があります。

夫婦が同時に表舞台《おもてぶたい》に立つのは至難《しなん》の業《わざ》です。どんな舞台にも裏方《うらかた》さんがいなければ、成り立たないのです。

家庭という、将来の地域《ちいき》、日本、世界の細胞《さいぼう》の一つが健全に育っていくには、どちらかが裏方をやる必要に迫られます。お互《たが》いに助け合っていれば表も裏もそれぞれがなくてはならないもので、その大変さも理解できるものです。

次代《じだい》を担う子どもが育ち上がれば、熟年《じゅくねん》の第二の人生をともに手を取り合い安心して、今度こそ二人一緒に表舞台です。そして、それが子どもを授《さず》かった夫婦の最大の使命果《は》たしであり、喜びでもあります。

表と裏のサイズの合わない衣服は、それとしての価値《かち》がありません。裏が表より幅を広げると、表が価値を失います。裏生地《きじ》は、表より繊細《せんさい》で、いろいろな動きに耐《た》えられるものが選ばれています。表と裏、それぞれに適《てき》した生地があるのです。

柔軟性《じゅうなんせい》のある女性の身体には、胎児《たいじ》が育ち、出産する、そして授乳《じゅにゅう》できるという機能も設《もう》けられている。出産、育児に適しているのです。

この否《いな》めない現実があっても、最近、女性が育児から逃避《とうひ》しようとする傾向がありますす。日本は世界一の長寿国《ちょうじゅこく》でありながら、世界一子どもを産《う》まない、と最近のデー夕は示しています。

私も三人の子を育て、また仕事柄《しごとがら》、子どもを扱《あつか》う大変さは身に沁《し》みて理解できています。だからよけいに、子育てには女性の愛が必要だと思えるのです。

六年生の児童の継母《けいぼ》からいただいたメモに「Mは、いろいろな、習いごとをしていた中で、唯一《ゆいいつ》、書き方だけはやめたくないと言って、頑張《がんば》って行っております。ご迷惑《めいわく》をかけることもあると思いますがこれからもお願いします」とありました。

わが子と同じように、あるいはそれ以上の思いやりを感じます。

以前、中学生の理早ちゃんが、学校の作文に私のことを書いてほめられたと言って持ってきてくれた、Aと評価《ひょうか》の書かれた用紙の内容です。

出会い——池田志柳《しやぎ》先生と——

私が先生と出会ったのは、たしか小学一年生ぐらいだったと思います。あまりよく覚《おぼ》えていませんが、先生が優しかったことは今も覚えています。私がある程度《ていど》大きくなり習字も少しうまくなってきた頃かな!?　一級をとって先生からプレゼントをもらいました。

私はプレゼントをもらったのもうれしかったけど、何より先生が私のことを本当に喜んでくれたことがうれしかった。私の喜びをわかってくれているようでとても……。私は先生が好きだったし、今も先生が好きです。前とちょっと違《ちが》うのは、先生を尊敬《そんけい》していること。私がおちゃらけてドタドタしていたことがあったんですが、その時は怒《おこ》られたりしました。ある意味、お母さんみたいでした。叱《しか》ってくれる先生や気持ちをわかってくれる先生とかいろいろ見てきて、私は今までにずいぶんたくさんの愛情をもらっていたのではないのかとも思います。

私は先生からたくさん気持ちをもらったけど、私はまだまだ子どもだし、きっと何もあげられないけど、先生みたいになりたいです。そして、私も何か人にあげられるような人になりたい（もちろん、あったかい家庭も持ちたい）。私は先生にあたたかい気持ちをいっぱいもらった。これからも習字を続けたいです。私がこれから何年かたってどんな仕事につくかはわかりませんが、その時は、何かたくさんあげられるような人になっていたい。そしてこれからいろいろな人と出会う。その中でもまた何かを学ぶかもしれない。これからも出会いを大切にしようと思います。

塾の子と代わる代わるに腕相撲《うでずもう》
無敗《むはい》守りて痛《いた》み好《よ》しとす

卒業の間近に迫《せま》る塾の子は
成長速度急に早まる

たくさん仕事を持っている中で、「あなたのお仕事は?」と尋《たず》ねられた時、私は決まって「主婦です」と答えています。主婦は良い社会を作るための、良い人材を育てる大きな使命を担っています。主婦業はさせていただいている仕事の中で、最も長時間を費《つい》やす一番大事な仕事だからです。

たくさんの人との出会いの中には、悩《なや》みを話される人もいます。その人たちが、人生は楽しいと思ったり、ひょっとしたら楽しいことがあるかもしれないなどと明るい気持ちがわいてくれることを願って接しさせていただいています。

育児、家庭生活、人生万般《ばんぱん》の問題を、仏典《ぶってん》や聖書《せいしょ》を広げただけではすぐには解《と》けません。浮世離れした生活や、自由気ままな生活を続けられる立場では、実生活の大変さは味わえないと思います。同じようなレベルで実際に生活してこそ、痛みも辛《つら》さも、乗り越え方も、喜びも、理解し合え、現場にあった本当の相談ができると思えるのです。

専業主婦の是非

専業主婦《せんぎょうしゅふ》の是非《ぜひ》を問う討論会《とうろんかい》を某《ぼう》テレビ局が放映《ほうえい》していました。

これらも人間の使命を自覚すれば是非もないことです。

使命の中の善《よ》きものの継承《けいしょう》ですが、善きものの中には目に見えるものばかりでなく、良い心を持った良い人育ても入っています。と言うより、これが重要な使命です。

自分たちより良い後継者《こうけいしゃ》が育っていく努力が課《か》せられているのです。

動物の世界は、どの動物も親がその子を育てています。本能的《ほんのうてき》にそれが一番良いのです。使命の自覚がないと「子どもがいるから働けない」と主婦は嘆《なげ》き、夫からは「主婦なのに何もできていない」などという愚痴《ぐち》が出るのです。

縁《えん》あって一緒になった夫婦です。後継者が授《さず》かれば、夫婦仲良く揃《そろ》っている家庭で成長させてあげて下さい。世の中を良い方向に進めていくには、心身ともに良い人材が必要なのです。家庭生活は使命を果《は》たすための一番身近な現場です。よく話し合い助け合い、楽しく生活して下さい。

安らぎの字は、家に女がいるという意味からと言われます。

良い子どもは、良い家庭からきっと育ちます。子どもの成長には親の正しい愛情がこの上ない肥料《ひりょう》となるのです。時間をかけて、し続ける躾《しつけ》は家庭でこそできるのです。

いろいろな理由で子どものいないご夫婦も、よりよい社会になるよう支援して下さい。全部、神の子、地球の子です。

人の命、本能、母性愛《ぼせいあい》、母親の直感《ちょっかん》とこまやかさ、温もりなどお金に換算《かんさん》できないものが女性、子どもを授かる母親にはあるのです。母親の姿を見て、子どもは無償《むしょう》の働き、ボランティアに関心のある大人に成長するのです。

子どもを授かるのに必要な子宮《しきゅう》があり、育てるための母乳《ぼにゅう》が出るようにです。主婦としての生き方を否定される方々も、お母さんのお腹《なか》を借り、お母さんにお乳《ちち》を飲ませていただかれたのではないでしょうか。

与えられたものに素直になると、道理《どうり》に合うように生きられるのです。それぞれが自分の持ち場を大切にしていきたいものです。

貧しきことは幸いなるかな

先に出版させていただいた『真理《まごころ》の法則』にも書かせていただきましたが、子どもの教育というのは、その子の生涯《しょうがい》を見届《みとど》けるまでは、良い教育ができたか否《いな》かを判断できません。したがって、私が縁《えん》あって授《さず》かった三人の子どもに対しての教育論を述《の》べることは、年齢順にこの世を卒業すると仮定して、一生できないと思います。

『真理の法則』では、長女が公務員《こうむいん》をしながら夜間大学に行き、次女もそれをまね、家に学資《がくし》の負担をかけないばかりか家計《かけい》を助け、年の離れた小学生の長男は、私の早朝清掃奉仕《せいそうほうし》を手伝ってくれるようになったと報告させていただきました。

教育論は別として、その後の子どもの様子を少し述べさせていただきます。

長女と次女は、彼女たちにふさわしい伴侶《はんりょ》に出会え、私たち夫婦の住居が角地《かどち》にあるのが独身同居《どくしんどうきょ》の間に感じるところがあったのでしょうか、二人とも、日当たりの良い角地に、住みやすく設計《せっけい》した家を新築《しんちく》し、それぞれ二人ずつの子どもに恵《めぐ》まれ、健康で仲睦《なかむつ》まじく暮らしています。主婦になった彼女たちは、私がユニセフや赤十字たすけ合い運動を支援させていただいているので、一緒になって募金の応援をしてくれています。なかでもうれしい協力は、町内一斉《いっせい》清掃が行なわれる時など、中学生以上になると、親に代わって大人に混《ま》じって掃除《そうじ》・草刈《くさか》りに参加してくれることです。長女は、町内集会にまで出席してくれたこともありました。

長男も不思議《ふしぎ》なことにと申しましょうか、上の姉二人の通った同じ大学に勤労《きんろう》学生として、昼は働き、学資は自分で出すという、親にとっては本当にありがたいコースを選んでくれました。今、一斉清掃は彼が引き受けてくれています。

三人が三人とも、働きながら同じ大学に通うことになったのは、不思議と言えば不思議ですが、私たち夫婦が常々、子どもたちに言っていたことを、子どもたちがそれなりに理解してくれたのだと思います。

私には高学歴《こうがくれき》はありません。親に希望して、一番近くの高等学校にならという制約《せいやく》つきで行かせてもらい、高校時代はスクールボーイという名前のアルバイト生として校舎内のトイレ掃除をして、わずかでも家計を助けたこと、国から拝借《はいしゃく》した奨学金《しょうがくきん》は結婚してから永年《ながねん》かかって返済《へんさい》させていただいたことを子どもたちに話しました。

夫婦で相談して、「高校までは、公立なら好きな所に行ってもよい。そこまでは応援する。その後の進学、就職《しゅうしょく》、結婚などは自分の甲斐性《かいしょう》の範囲《はんい》内でやってほしい」ことも伝えました。私自身学歴がないのが恥《は》ずかしいと思ったことは一度もありません。

天下を治《おさ》めた徳川家康《とくがわいえやす》や豊臣秀吉《とよとみひでよし》の時代には、現在のようなシステム化された学校はなかったのです。

年若くして相撲《すもう》の横綱《よこづな》に昇進《しょうしん》した中卒の力士《りきし》もいます。かつて中卒の学歴で首相の地位にまで登りつめた人もありました。専門的な知識や技術を必要とする職業以外は、日常生活が円滑《えんかつ》に運べる程度《ていど》の学歴でよいと思っていました。

ここ十年来、新聞等のメディアは学級崩壊《ほうかい》や登校拒否《とうこうきょひ》、高校・大学中退者の増加を報じています。悩《なや》み相談には、「『俺《おれ》の言うことを聞かなかったら学校に行ってやらない』と暴力を振《ふ》るう」などがあります。

学校へ行けるのが当たり前の風潮《ふうちょう》の中、親は世間を気にして「行ってもらわないと困《こま》る」。子どもは「行ってやっている」などと思っているところもあるのでしょうか。物資《ぶっし》が乏《とぼ》しく、学校に行きたくても行けなかった時代には、考えられなかったような問題が起こっています。

私も小学高学年の頃、進んでは学校に行きたくない時がありました。ある児童の紛失《ふんしつ》した本が、私の机《つくえ》の中から出てきた事件があったのです。当時の机は、引き出しのない横に筒状《つつじょう》のものでしたから、いつでもオープンです。たぶん誰《だれ》かが間違って私の机に入れたのでしょうが、さんざん捜《さが》して見つからなかった本が私の机の中にあったのですから、それも先生の雰囲気《ふんいき》から、クラスの中で犯人《はんにん》にされてしまいました。

それ以降、担任の先生の態度は、私に対して一変しました。

一歳八カ月で父を亡《な》くし、戦後《せんご》の物のない時代に、母の手一つで私を含め数人の子どもの生活を支えている家庭を、先生は決して豊かだとは思わなかったのでしょう。

母は私の話をよく聞いてくれました。担任の先生にも説明してくれました。けれど先生の態度は、まさにてのひらを返したままでした。

学校に行きたくない思いは十分にありましたが、多忙な母が私の言うことを十分に聞いてくれ、信じ、先生に潔白《けっぱく》を説明してくれたことが、学校を休んではいけない気持ちにさせていたのです。登校拒否をすることなどは考えられなかったのです。何とか、その先生に皆《みな》と一緒の態度で接してほしいと、庭に咲いている花を切って持っていったり、気のつく精一杯《せいいっぱい》のことをしていた当時を思い出して、自分がいじらしく胸が詰《つ》まります。

辛《つら》いその学年が終わると担任の先生も代わり、急に世界が明るくなったように感じました。

当時は、登校拒否とか学級崩壊とかいう言葉もなく、元気でいれば、学校はやらせてもらっていると子ども心に思っていたのでしょう。

「働かざる者食うべからず」の訓戒《くんかい》があり、皆が豊かではなかったですが、働けない子どもも家事《かじ》を手伝う気持ちを持っていました。

私は小学高学年で暗い体験をしましたが、そんなこととは比較にならないほど、苦労された方がいました。小学校四年生で中途退学《ちゅうとたいがく》し、努力の甲斐《かい》あって、電気製品で世の中を明るく便利に楽しくする電器会社、「ナショナル」でおなじみの松下電器（現・パナソニック）を興《おこ》され、経営《けいえい》の神様と崇《あが》められた、故松下幸之助《まつしたこうのすけ》氏です。

和歌山の裕福《ゆうふく》な家に生まれた松下幸之助氏は、父親が米相場《こめそうば》に手を出して失敗し、松下家は先祖伝来《せんぞでんらい》の家屋敷《いえやしき》も売却《ばいきゃく》し、一転して貧《まず》しいみじめな生活になり、九歳で大阪の商家《しょうか》に奉公《ほうこう》に出されたのです。

元来《がんらい》弱い体質で、二十歳《はたち》の頃《ころ》に肺尖《はいせん》カタルにかかり、五十歳くらいまでは寝たり起きたりと、あまり健康に恵まれなかったようです。

また、八人兄弟の三男末《すえ》っ子《こ》として生まれた大家族でしたが、お兄さんやお姉さんが若くして次々と他界《たかい》され、両親の身内もなく、二十六歳にして天涯孤独《てんがいこどく》となってしまわれます。

学歴、財産《ざいさん》、健康、肉親に恵まれていない人が、その業界のトップを極《きわ》められたのです。

今、景気は低迷《ていめい》していますが、松下氏の中退時《ちゅうたい》の明治三十六年頃と比較《ひかく》すれば、飽食《ほうしょく》時代そのものでしょう。物が豊富にあり、好きな物が簡単《かんたん》に手に入ったり、与えられたりすると、人間はすぐそれに慣《な》れてしまうのでしょう。

いつも思うように与えられていると、自分の思うようにならない時はすぐに不足不満を感じるようになり、我慢《がまん》、努力する習慣《しゅうかん》がないからすぐにキレる。

良い環境にいると良い人間が育つかと言えば、そうとばかりも言えません。

松下幸之助氏のように、本当に必要な物が何もない、ないないづくしから、世界に貢献《こうけん》された偉大《いだい》な人物が出ることもあるのです。

三人のわが子の未来は断言《だんげん》できませんが、「高校卒業までしか応援できない」と申し渡してきましたので、これ以上期待しても無理と諦《あきら》めて覚悟《かくご》したのでしょうか、それぞれがよく働いている様子です。

夢が持てるよう、それが実現できる気力と体力が維持《いじ》できるよう、夢を成《な》し遂《と》げた時、生《い》き甲斐《がい》と喜びを感じられるように育てられたらと望んでおりましたから、形あるものは修理して最後まで使う、贅沢《ぜいたく》はしない、物はなるべく与えないように生活してきたつもりです。果たして彼らはどんな人生を送っていくのでしょうか。

学歴がなく知識が乏しければ他人の話にしっかり耳を傾け、肉親がなければ近隣《きんりん》の人や友達を大切にしなければなりません。

あまり健康でなければ、小康《しょうこう》を得た時に感謝し、それを維持するための摂生《せっせい》を必要とします。

学生だった頃の長男は、不平不満をつい口にする時、「これ以上言うと今度お金貸《か》してもらえないから、これでやめとこ」と退《しりぞ》きます。

財産、資金《しきん》がない時で、必要な時は、借《か》り入《い》れなければなりません。昔から「頼《たの》む時は頼むらしく」と言われるように、謙虚《けんきょ》にお願いする方が成功する可能性が大です。頼み方によっては、あの人に貸して私に貸してくれないということもあり得るわけです。「貧しき者は幸いなるかな」というのは、十分に条件が整っていないと、謙虚になって知恵を働かせ、次第に成長していくからです。

反対に豊かな物資に囲まれ続けていると、謙虚さを失い、頭を下げません。感謝も忘れ、努力も工夫《くふう》もできず、人間的な成長も望めないどころか、自立心のない不平不満の多い人間になってしまいます。助けたり助けられたりも面倒《めんどう》になってくるのです。「老いた両親の面倒を見たいと思っていますか」というアンケートの問いに、「はい」の答えが他国に比べて日本が極端《きょくたん》に低いのを見ても、心の貧しさを感じます。

子どもに手をやく相談の大部分は、甘やかしすぎが原因です。

見栄《みえ》があって子どもが言うより先に与えたり、子どもが言うものなら何でも与えてしまって、「一人で大きくなったような横着《おうちゃく》な口をきく」とか「横柄《おうへい》な態度をとる」と嘆《なげ》く親のなんと多いことでしょう。

経営の神様も、どんなつき合いも「愛敬《あいきょう》のない人はあきまへんなあ」と述べておられます。与えられすぎの子に愛敬はあるでしょうか。

与えすぎにご用心

人は、与えられないと、考えが深くなるようにできています。

三番目の子どもが確か小学校五年生ぐらいの時だったと思います。

「明日はマラソン大会があるので、運動服の上着の前後に、白い布《ぬの》にナンバーを書いたゼッケンを縫《ぬ》いつけてくるように言われたので、手伝って」と、夜に言い出したのです。私は、「針《はり》と糸《いと》を使うことを習ったんだから、良い練習にもなるから自分でやったら」と言って取り合いませんでした。

ハンカチにして半分ほどの白布を縫いつけるのは、主婦にとってはいとも簡単《かんたん》ですが、まだ手慣《てな》れていない男児にとっては、とても大変らしく、いつもの就寝《しゅうしん》前に始めたことが、次の日の午前三時ぐらいまでかかっている様子でした。

朝の一番仕事に、どんなでき上がりか見たのですが、愕然《がくぜん》としてしまいました。

子どもにとっては精一杯《せいいっぱい》だったのでしょうが、二、三メートルも走らないうちに落ちそうです。本人の起きてこないうちに、気づかれないよう、その二枚の四隅《よすみ》だけを、しっかりと縫いとめておきました。

このことがあってから、子どもは、学校で習ったことはわが家では決して手伝ってもらえないと覚悟《かくご》したらしく、その後も学生生活の中で何回かゼッケンをつける行事はありましたが、不器用《ぶきよう》な仕事ながら、早めに自分で取り組むようになり、もう私に頼《たの》んでくることはありませんでした。そのことが、当時の本人には、よほど懲《こ》りたらしく、後日「友達は皆《みな》、お母さんにやってもらっていて、自分で縫いつけていったのは、ボクだけだった。あの日、三時間ほどしか寝ないでマラソンに出たのは、キツかった。そのうちボクも、だんだん賢《かしこ》くなって、アイロンで取り付けられるテープを使ったりして……」などと言われるに及《およ》んでは、してやられたの感もありましたが、「なかなか考えるようになったな」と思いました。

学生時代には、文化祭の催《もよお》し物《もの》などもあって、簡単な四角い布《ぬの》を縫うだけでなく、仮装《かそう》に使う奇抜《きばつ》な衣装《いしょう》まで作らされることも、それ以後、何度かありましたが、そんな時は姉に頭を下げ、その代償《だいしょう》に姉の手伝いをするなどして、人にものを依頼するコツも覚《おぼ》えていったようです。成人《せいじん》していない人への本当の親切とは、人の助けを得られない時でも、明るく生きていける力を身につける応援をしてあげることだと思います。必要な条件が満たされていないと、人は、それに対応できる生き方を身につけていきます。

今は晩婚《ばんこん》で物の豊かな時代ですが、それにしても、家庭によってはこういう人に育ってしまうのかという新聞投稿記事がありましたので、一緒に考えてみて下さい。

「十九歳の女子大一年生です。私には悩《なや》みがあります。それはすぐ泣くこと。小さい時から運動が下手《へた》で勉強もできず、魅力《みりょく》のない人間でした。友達もなく、いじめられてばかりいました。ある日、泣くと先生が心配してくれ、友達も少しは親切になってくれることを発見。それ以来、つらいことがあるとすぐ泣く人間になってしまったのです。……母が怖《こわ》いのです。別に暴力《ぼうりょく》を振《ふ》るうわけでもありませんが、口をきいてもらえないことがよくあります。『おまえはどんどんブスになるね』と言われた時にショックを受け、母がもっと怖くなりました」

親が自分の子どもに実力をつける応援をしないで、立ち直れないような暴言《ぼうげん》を吐《は》くと、同情《どうじょう》を乞《こ》うような生活になり、「私の人生は哀《あわ》れな人生」と思い続けることにより、それが現実化していくのです。

二十一歳の女性の投稿記事を続けて二つ掲載《けいさい》してみます。

「二十一歳の会社員。親の反対を押し切って、あこがれだった一人暮らしを始めて五カ月。はや降参《こうさん》寸前である。仕事が終わって、スーパーに寄る気力もない。材料費を考えると、一人分では作るより出来合《できあ》いを買った方が安くつく。勝手な理屈でインスタント食品ばかり食べていたら、職場で倒《たお》れ、『貧血《ひんけつ》です。ちゃんと食べていますか？』と病院の先生に怒《おこ》られた。……トイレットペーパー、乾電池《かんでんち》、洗剤《せんざい》、電球《でんきゅう》、シャンプー。買い忘れて夜中にコンビニに何回走っただろう。部屋のカギをなくしてドアの前で途方《とほう》に暮れた夜もあった。寒くても、長袖《ながそで》を入れたはずの箱が見当たらない。アイロン当て、ボタン付け、手抜きばかりだ。掃除機《そうじき》もかけられていないひっくり返った部屋に、ため息をついて『お母さん』とつぶやいていた」

家族中で家事《かじ》を分担《ぶんたん》する生活だったらこんなことはないでしょう。二十一歳なら既《き》婚《こん》の人もいます。

「二十一歳の女子大学生です。大学を中退するかどうかで悩んでいます。二年生の後半から勉強内容に興味《きょうみ》が持てなくなりました。卒業研究もまったく興味がないことなので手がつかず、三年半もの間、何をやってきたのだろうかと無意味《むいみ》に思えてなりません。高校も中退したかったのに、いつも決断できない自分にいらだちます。今、別のことに興味を持ち、専門《せんもん》学校に進学したいのですが、また辞《や》めたくなってしまうかと思うと、ためらってしまいます。とりあえず、大学は卒業すべきなのでしょうか」

親にも責任がないことではありませんが、高い授業料《じゅぎょうりょう》を払《はら》っている親が読んだら、思わず転倒《てんとう》してしまいそうな投書です。

そこへくると同じ滋賀県《しがけん》の新島実氏は当時八十四歳で、大学入学資格検定《しかくけんてい》に合格されたというのですからあっぱれです。

「昔と違《ちが》い、勉強しやすい環境になったことがうれしい」と、苦難《くなん》の壁《かべ》を乗り越えた人はすべてが感謝に変わり、ご自身お幸せなのです。

童話 ボロット

「こんどのずこうは、じぶんが作《つく》ってみたいと思《おも》うものを作ることにします。材料《ざいりょう》は、じぶんでもって来《き》て下《くだ》さい」と、担任《たんにん》のとおやまひめこ先生《せんせい》が言《い》いました。

さりかが二年生《にねんせい》になってはじめてのずこうは、好《す》きなものを作る工作《こうさく》の時間《じかん》になりました。

「わたし、ロボットを作りたいの」

と、さりかはお母《かあ》さんに話《はな》しました。

ずこうのあるまえの日《ひ》、「これは使《つか》えるかしら、これはどうかしら」

と、ビンのフタや牛乳《ぎゅうにゅう》の空《あ》きパック、ヨーグルトやのみものの入っていた容器《ようき》、木切《きぎ》れ、きれいなはぎれ、りぼん、ぼたん、ビー玉《だま》などを並《なら》べながら、お母さんは言いました。

「ぜんぶ、洗《あら》ってあるから、きれいよ」

さりかの家《いえ》はお宮《みや》さまのすぐそばにあります。

お母さんは、毎朝《まいあさ》、参道《さんどう》（神《かみ》さまをおまつりしてあるお宮におまいりするみち）のおちばをはいたり、ごみをひろったりしています。

神さまのところにおまいりする人がけがをしないように、いいきもちであるけるようにと、いつも思ってするのです。

「お母さん、ありがとう！　わたし、そのこと、すっかりわすれていたわ」

さりかは、たすかった、というように、ロボットの材料になりそうなものを、ごみの中《なか》からもえらびました。


あくる日、きゅう食《しょく》がすむと、すぐに工作の時間になりました。

ちょきんばこ、えんぴつたて、でんしゃ、風車《ふうしゃ》など、おもいおもいのものを作りました。

ゆうきちだけは、ざいりょうをわすれてもってこなかったので、ほかの人《ひと》のあまったものをもらって、家のもけいを作りました。

さりかのいっしょうけんめい作ったロボットを見《み》て、「何《なん》だ、こりゃ」と、ゆうきちが言いました。

「ロボットよ」

さりかはこたえました。

「ロボット？　うそだい、こんなのロボットじゃなくて、ぼろっちいボロットだい」と、口《くち》のわるいゆうきちが大《おお》きな声《こえ》で言いました。

みんながいっせいに、さりかの方《ほう》をみました。さりかはなきだしそうになりました。先生は、

「いっしょうけんめい作ったものに、ぼろなものはありません。じぶんの作っているものを、さいごまでしっかり仕上《しあ》げなさい」とゆうきちにちゅういしました。

みんなの作品《さくひん》は、なまえをかいて、きょうしつのうしろにかざられました。

ほごしゃさんかん日がすむと、作品はみんなに返《かえ》されました。

さりかはロボットがこわれないよう、大切《たいせつ》にもって帰《かえ》りました。

家につくと、アトリエ（作品をつくるところ）になっている部屋《へや》をのぞいてみましたが、きょうはお父《とう》さんがいません。

お父さんは、油絵《あぶらえ》をかいて、それを売《う》る仕事《しごと》をしています。アトリエは油のにおいがします。ちかごろ、絵が売れていないようです。かき上がった絵がたくさんあります。

イーゼル（絵をかくためにのせる

台《だい》）には、れんげの原《はら》っぱのきれいな絵がのっています。

「お父さんは、次《つぎ》にかく絵のスケッチに出《で》かけたんだわ」と、もうすぐ完成《かんせい》するれんげの花《はな》の絵を見て、さりかは思《おも》いました。

午後《ごご》の日ざしは、ぽかぽかと、アトリエいっぱいに入《はい》っています。

さりかはロボットを抱《だ》いて、お父さんのにおいのするイスにもたれかかりました。

れんげの原っぱの絵にも太陽《たいよう》が当《あ》たっています。こっくりうとうと、こっくりうとうと。さりかはいつか、ねむってしまいました。

れんげの原っぱは、ずうっと遠《とお》くまで広《ひろ》がっています。花のいいにおいと、みつのあまいにおいがします。

ポメラニアンのモモが、ふわふわした毛《け》を風《かぜ》になびかせながら走《はし》りよってきました。

「モモ、ここにいたの。さがしていたのよ」

さりかはモモを抱きしめました。いっしょにかけだすと、さりかの髪《かみ》もさらさらと風になびきます。

小川《おがわ》のそばでこしをおろしました。もんしろちょうが、モモのあたまにとまりました。まるでリボンをつけたみたいです。

もんきちょうは、さりかのほおをかすめます。「くすぐったい」と思って、ほおに手《て》をやることで目《め》が覚《さ》めました。お父さんが帰って来たところでした。

「風邪《かぜ》をひくよ。こんなところでねていては」

「お父さん、わたし夢《ゆめ》でモモに会《あ》ったの。やっぱり、かわいかった……」

モモはさりかが生《う》まれる前《まえ》から、この家にかわれていて、昨年《さくねん》の秋《あき》に

亡《な》くなったのです。

「それにしてもふしぎだ。モモとさりかをこの絵の中にかいた覚《おぼ》えはないんだが……」

さりかは絵に目をやると、びっくりしました。

夢の中で、モモといっしょに走ったそのままのようすが、れんげの原っぱにかかれています。お父さんは、うでぐみをして考《かんが》えています。

さりかはとつぜん、大声《おおごえ》を上げました。

「ロボットがかいたのよ!」

ロボットの両腕《りょううで》は使《つか》い古《ふる》しのブラシで作られていました。

そのブラシに、いろいろな色《いろ》の絵《え》の具《ぐ》がついていました。

ギャラリー（絵のお店《みせ》）に、出されたこの絵を観《み》た人たちは、口々《くちぐち》に「すばらしい絵だ」と言いました。

めがねをかけた、りっぱな紳士《しんし》が、その前で立《た》ち止《ど》まりました。

「こんな絵がほしかったんだ。ぜひ、ゆずっていただこう」とつぶやきながら、長《なが》い時間その絵に見入《みい》っていました。

おわり

第4章　習慣が生むもの

生命とカラダ

アメリカのキング牧師《ぼくし》の有名な演説《えんぜつ》の冒頭《ぼうとう》の言葉、皆さんも知っておられることと思います。

「アイ　ハヴ　ア　ドリーム……」、私には夢があります、という始まりでしたね。

黒人の彼には、やはり黒人の四人の子どもがありました。そこで「子どもたちが顔の色で差別《さべつ》されることなく、それぞれのキャラクターで評価《ひょうか》される社会が来ることが夢だ」と語ったのでした。

当然のことというより、それが真理なのです。人間の本当の価値《かち》は、髪《かみ》の色、肌《はだ》の色にあるのではないのです。

大人になってからはほとんどやりませんが、たとえば隠《かく》れん坊《ぼう》遊びをしたとします。

鬼《おに》になった人が私の身体の一部分である片腕《かたうで》を見つけて「池田さん、見つけた！」

と言ったとしても、片腕は確かに「池田の」ではあるけれど「池田」ではないのです。頭を見つけられても「池田の」であっても「池田」ではないのです。

このように肉体を、頭、首、胴《どう》、手、足の五体《ごたい》を別々にしてみた時、どの部分にもその人は存在《そんざい》しないのです。

それもそのはずです。体《からだ》、身柄《みがら》とか言うように、肉体そのものは生命が与えられない限りにおいては、空っぽの物体《ぶったい》なのです。

生命が入ると、電化製品に電源が入ったのとよく似た原理で心臓《しんぞう》が動き、消化《しょうか》活動が開始し、体温が保たれ、脳神経《のうしんけい》をはじめいろいろな機能《きのう》が働きはじめ、人間生活が可能になるのです。

肉体が生命を保持《ほじ》できない状態になると、生命はそこから分離《ぶんり》し、肉体は亡骸《なきがら》となります。

そうです。私たちの命は、太陽や月を神と仮定したら、そこから放射《ほうしゃ》されている光線、あるいは太陽そのもの、月そのものと言うことさえ可能です。全宇宙を組織《そしき》しているかけがえのない一細胞《さいぼう》です。

顔の色には、黒、白、黄色、また恥《は》ずかしい思いをした時の赤い色、気分のすぐれない時の蒼白《そうはく》、また、日焼《ひや》けした褐色《かっしょく》などそれこそいろいろありますが、肉体は空っぽという説明をいたしましたから、ご利益あらたかな般若心経《はんにゃしんぎょう》の意義深《いぎぶか》い一節もよく理解していただけるでしょう。

色《しき》即《そく》是《ぜ》空《くう》

この世の、形あるものは、いつか姿《すがた》を消してしまう空《むな》しいものである。

空《くう》即《そく》是《ぜ》色《しき》

目に見えないから、空だと思えるが、空の中にはすべてが実在《じつざい》するのである。

聖書《せいしょ》（ヨハネ伝）に、神とは「私は道である、真理である、命である」と述《の》べられています。さらに光であり、愛であり、法則であり、霊《れい》であり、知恵であり、喜びであり、善《ぜん》であり、すべてのすべてであると記《しる》されています。

宇宙の中心者の命が私たちの身体に流れているのです。

神と私たちは別個《べっこ》のものと思い、疎外感《そがいかん》を持っておりました。が、私たちの身体の中に神は命として流れ入って下さっているのです。

それは、太陽と太陽光線が本来一体であるようにです。海と波、空気と風、植物の根と幹《みき》のように離れているように見えても一体のものです。生命は生命源である宇宙とつながっています。地球上での人間生活を営《いとな》むために、他の動物とは異《こと》なった特《とく》徴《ちょう》のある肉体がセットされています。

二十二の名前を駆《く》使《し》して、十五年間、強盗殺人《ごうとうさつじん》事件の容《よう》疑《ぎ》者《しゃ》として警察《けいさつ》から追われ続け、世間を騒《さわ》がせた福田和子事件を、皆《みな》さんも覚《おぼ》えておられることと思います。十四年間を逃《に》げ切《き》り、あと二十一日で時効《じこう》になるという一九九七年真夏の七月二十九日六時四十分、レイ子という偽名《ぎめい》の時に逮捕《たいほ》されたのです。十五年間のうち、二十一日というのは、一％にも満たない〇・三八％です。

不謹慎《ふきんしん》を承知《しょうち》の上で教訓《きょうくん》として述べれば、希《のぞ》みが一％以下でも残っていればどんなことも諦《あきら》めてはならない。ほぼ成功率九九％以上でも、決して油断《ゆだん》をしてはならないという教訓を、この事件からも学べます。

なぜ彼女がこうも巧《たく》みに逃げおおせたかを考える時、やはり整形手術《せいけいしゅじゅつ》で顔を変えたことだと思います。が、もっと確かな理由は、彼女に「絶対捕《つか》まらない、逃げ切ってみせる」という強い意志があったからです。その意志の下、悪知恵《わるぢえ》を働かせ顔を変え、偽名を使い、都合《つごう》のよさそうな環境を選《えら》んで逃げ回ったことが、この事件を長引かせたと言えましょう。

この事件のように、犯人の顔が、美人女優《じょゆう》とウリ二つの顔に整形されても、顔だけでなく、手も足も胴体《どうたい》も、すなわち全体を整形して本人でないようにしても、肉体の奥《おく》にある生命とそれまでの行為《こうい》は決して変えられません。

今、臓器移植《ぞうきいしょく》の技術が進み、脳死判定《のうしはんてい》の難《むずか》しさが取り上げられていますが、あの臓器もその人の一部であって、生命ではないのです。

身体はその人がこの地球上で、自分の心を表現するため、肉質《にくしつ》を使って作られた道具なのです。そしてそれは、心や環境や加齢《かれい》によって、その人なりに時々刻々《じじこくこく》変化し、やがては肉体と生命とに分けられます。それがこの世を卒業する儀式で、どの人にも用意されているのです。

福田和子の事件で、もう一つ目を向けてみたいことがあります。

彼女の顔に整形手術を施《ほどこ》した関係者が、事件を長引かせているのは当方にも責任があるとして、犯人逮捕に協力してくれた人に謝礼《しゃれい》として、五百万円という多額《たがく》の懸《けん》賞金《しょうきん》を申し出たのです。それ以後、犯人に対しての情報が急に増えたところをみると、やはり人はお金にとても魅力《みりょく》を感じているのですね。

しかし、全部が全部そうとは言い切れません。

「お金を拾《ひろ》うとそれはうれしいものですよ」と村の人から教えられた良寛和尚《りょうかんおしょう》は、皆が言うから試《ため》してみようと、自分のお金を落としてみては拾い上げるのですが一向《いっこう》にうれしく思いません。落とし方が下手《へた》なのかと思い、一回ごとに違《ちが》う体勢《たいせい》で落としてみるのですが少しもうれしくない。そんなことを繰り返しているうちに、そのお金がどこかに転《ころ》げていってしまいなくしてしまったという逸話《いつわ》は、無欲《むよく》な良寛さんの気質《きしつ》がよく表われています。

ある程度の生活で満足する人は、必要以外の物には興味《きょうみ》がないのです。

その後、良寛さんはなくしたお金を真剣《しんけん》に捜《さが》し、ふと自分の足元にあったのを発見して非常に喜んだそうです。本気で求めて得た時の喜びは格別ですね。

自分で得たものは全部自分のものとして消費《しょうひ》してしまうのは、できたお米は一粒《つぶ》残らず食してしまうのに似ています。

少し種の分、幸運の種の分を残して田畑に播《ま》いたり、社会に播いたりすると、次の収穫《しゅうかく》も期待できますし、社会に役立った分は、徳《とく》となって必ず見えないところで積み上げられ、その人になくてはならないものとなって返されるはずです。

一粒のお米は一年に二百四十粒に、それを播いたら二年目は五万七千六百粒。わずか一粒のお米と思っても十年経《た》ったら日本中の人々を養《やしな》うくらいの収穫量になるのです。

少しの善行《ぜんこう》、たった一人を助けてあげたことで救《すく》われた人が、次の善行をと続けて行なえば、十年の経過《けいか》でどれだけ大勢《おおぜい》の人々が良くなっているかわかりません。全部を自分だけの物にしないで、少し良い種を残し、播くことを体験してみて下さい。

一本の指を痛《いた》めても、手全体、身体全体が痛むような不快を感じます。

家族の誰《だれ》か一人が床《とこ》に伏《ふ》していると、食卓《しょくたく》を囲《かこ》んだ食事は、いつものように美味《おい》しいとは思えません。何か困っている人を見たり感じたりすると、自分の幸せを申《もう》し訳《わけ》なく思ってしまうのが、同じ生命源から来た自他一体《じたいったい》の心なのです。地球上の皆が、本気で助け合って笑って暮らせる日を、夢でなく一目《ひとめ》見たいものです。

言葉の驚異現象

遙《はる》か遠いルソン島オンタ＝ロースという所から、三十一年の永《なが》い年月をかけて日本の大社《たいしゃ》の浜に漂着《ひょうちゃく》した一個の椰子《やし》の実。

これは島根県《しまねけん》出身の山之内辰四郎さんが、戦死《せんし》するであろうと予測《よそく》した前日、奥さんを偲《しの》び、椰子の実に月日と氏名と所を書いて、自分のこの思いを妻《つま》に伝えたい一念《いちねん》で流したものだったそうです。

あの広い広い太平洋《たいへいよう》を漂流《ひょうりゅう》するのですからどこに着いてもおかしくないのに、昭和五十一年三月十五日、島根の浜に辿《たど》り着いたのです。

こんなことが可能な確率は皆無《かいむ》と言ってもよいくらいです。「一念は岩をも動かす」の諺《ことわざ》がありますが、三十一年間海水の中だったはずの文字が、解読《かいどく》できる状態だったのも不思議《ふしぎ》です。よほど愛の念が深い方だったのでしょう。

「名も知らぬ遠き島り流れよる椰子の実一つ」

というメロディを耳にすると、きまってこのお話を思い出してしまいます。

今は靖国神社《やすくにじんじゃ》の記念館に保管《ほかん》されているというその椰子の実を、一度拝見《はいけん》させていただきたいと願っています。

もし、この椰子の実に山之内さんの名前が書かれていなかったら、せっかく岸に到着しても、気持ちを届けることはできなかったでしょう。

言葉というのは、思い言葉から始まって話し言葉、書き言葉、今ではワープロやパソコンで打つ印字《いんじ》言葉、手話などのボディランゲエイジなどがあります。

人間社会において意思を表現する手段です。

聖書《せいしょ》にも、「言葉によらで成《な》りたるものなし」とあります。

大自然、神の思いが生物という形、人間になり、その人間のお互《たが》いの気持ちが通じ合うように言葉が生まれ、より良い生活をするための知恵や思いが形となって今の社会があるのですから、やはり言葉はすべてを生みだす起源《きげん》だと言えましょう。

良いものを引き寄せたり、生産、建設《けんせつ》するために、言葉はすごい威力《いりょく》を発揮します。

すべての計画も、思い言葉（意思）から始まって相手に伝えることで、それが実現します。結婚も新築家屋《しんちくかおく》も、展示会《てんじかい》、ライブ、生活の隅々《すみずみ》まで自分の思いが形になっているのです。

二〇〇〇年のラグビーのチャンピオンに、神戸製鋼《こうべせいこう》のチームが五年ぶりに返り咲きました。彼らのTシャツの胸にプリントされた、「We are back」と書かれた文字をご覧《らん》になりましたか。優勝する前から、その決意で練習をしてきたのでしょう。言葉が形になって、実現したのです。汗とホコリの身体に着けたTシャツの文字を誇《ほこ》らしげに指で示す彼らに、拍手《はくしゅ》が送られました。

Tシャツの文字で思い出すのは、一九九九年三月三十日、米国インディアナ州で起こった列車事故《れっしゃじこ》です。ニコル・スコットさんという女性の運転する乗用車に列車が追突《ついとつ》し、巻き込んだ事故です。すぐさま救急車が呼ばれましたが、一体誰《だれ》がどこから呼んでいるのかわかりません。それもそのはずです。列車の下にすっぽり入った車の中から、かろうじて彼女が携帯電話《けいたいでんわ》でコールしていたのです。

他の列車を停止させて、彼女は大がかりで救出されました。車は大破《たいは》しましたが、彼女はなんと無傷《むきず》で生還《せいかん》したのでした。

最近買ったばかりのラッキーブランドの「死ぬには強すぎる」という意味の英字の入ったTシャツを着ていたことがよかったと、うれしそうに語っていました。

「会議中」という表示、求人募集《きゅうじんぼしゅう》の看板《かんばん》、古くは葵《あおい》の紋《もん》の絵言葉などは、小さくても大きくても、伝えたい意思、気持ちの代役《だいやく》をしっかり果《は》たし、叶《かな》えてくれるのです。

次は言葉での体験レターです。

［体験記］色紙の効用

朝夕すっかり肌寒《はださむ》さを感じるようになり、山々の紅葉《こうよう》にも秋の深まりを感じます。わが家の子どもたちも風邪《かぜ》はひくものの一日で熱も下がり、穏《おだ》やかな毎日を送ることができております。ありがとうございます。

先日は、父の所に、先生直筆《じきひつ》の真実相《しんじつそう》の色紙《しきし》をいただきありがとうございました。お礼の手紙が遅くなってしまい申《もう》し訳《わけ》ございません。

色紙をいただく前日は、顔がひどくむくみ、お腹《なか》もはっておりましたが、色紙をいただいてからむくみもなくなり、とても穏やかな顔をしています。お腹も以前より、はらなくなってきています。主治医《しゅじい》の先生も、急に良くなった父を見て「元気だなー」とびっくりするほどです。これも、先生やまわりの方々のおかげと感謝しています。本当にありがとうございました。

梅本依子

この方は、私が「真実相（大自然・神から作られた健康な真実の相《すがた》の意）」と揮毫《きごう》した色紙を、難病《なんびょう》の父親の枕元《まくらもと》に置かれて、これを体験されました。

書き言葉も効力がありますが、病気や怪我《けが》をする以前の元気な姿（元の真実の相）をしっかりイメージしながら「真実相」の言葉を繰り返せば、その人の信じる力の程《てい》度《ど》の早さで回復し、元気になれます。雲を払《はら》いのければ、太陽が出るようにです。

「元気」とは元にある気が現われることです。

○○学校受験合格、○○目標達成とか成功、千客万来《せんきゃくばんらい》などと大きく掲《かか》げた文字には、意志と決意と希望が入っていて、もちろん努力は必要ですが、「言葉は神なり」の通り、宇宙の力がそれを実現するために法則的に働くのです。

「実現した暁《あかつき》には、世の中のこういうお役に立ちます」と、心で誓約《せいやく》すると、世の中の役に立とうとする人を宇宙が応援してくれて、希望を早く叶えていただくことができます。「お手伝いします」と申し出る人を困《こま》らせる神はいないのです。

勉強をしないで、努力をしないで、これらのことを実行しても良い答えは出ません。

ナム……と手を合わせたり、念じるだけで花が開けば、人は努力をしなくなります。懸命《けんめい》に努力した人が報《むく》われないのも理《り》に適《かな》いません。成功するように念じ、それに必要な知恵を受け、それを素直に生かし、健康を保持《ほじ》しながら精一杯《せいいっぱい》の実践・努力をすれば、傍目《はため》から見てどうであろうが、本人にとっては一番良い結果が出るのです。

神は善であるのですから、良い言葉（良い思い）だけを使えば、悪や迷《まよ》いのない社会、善《ぜん》の世界に急スピードで変化していけるのです。一人一人が破壊的《はかいてき》な悪い言葉を使わないで、良い社会に成長させたいものです。

今後とか老後《ろうご》という特別の人生があるわけではないのです。今までの生き方の延長上にあるだけですから、その人が生きてきたようにしか年を重ねられない、老いられないのです。高齢《こうれい》であっても、死ぬまで現役《げんえき》の人もあります。生き方は死に方です。今どう生きるかが大切なのです。高齢者のケアを考えることも必要ですが、ケアを必要としないような生き方を啓蒙《けいもう》することはもっと大切です。「予防《よぼう》に勝《まさ》る治療《ちりょう》なし」

――真理はあらゆる不都合《ふつごう》の予防学です。

ちなみに、百二十二歳まで生きられたフランス人ジャンヌ・カルマンさんは「退屈《たいくつ》しないで、よく笑ってきた」と長寿《ちょうじゅ》の秘訣《ひけつ》を語ったそうです。

生活習慣病と生活習慣運

私たちは、今日、原因をつくり、直後か時を経《へ》て、結果が現われるような暮らしをしています。

悪性腫瘍《あくせいしゅよう》（癌《がん》）、心臓疾患《しんぞうしっかん》、脳血管疾患《のうけっかんしっかん》（脳卒中《のうそっちゅう》）の三大成人病《せいじんびょう》なども、幾年か前からのその人の生活習慣の結果の現われであることが多いとみられます。毎日の生活の中で、健康によい食物、嗜好品《しこうひん》、運動、睡眠《すいみん》、排泄《はいせつ》の大切さを意識し、それを続けた時と、そうしなかった時との違いは、明白《めいはく》であります。

「ローマは一日にして成《な》らず」は、良いことの継続《けいぞく》の大切さを述べているのですが、生活習慣病はその反対の結果をいっているのです。

これは、健康や病気のことばかりではなく、運、不運についても同じことです。思いがけない幸運に恵《めぐ》まれた時の言葉に、「棚《たな》からボタ餅《もち》」などの表現を用いますが、あれもまず、棚にボタ餅を載《の》せておかないと落ちてこないのです。

心の世界に先に幸運を描《えが》くのです。豪邸《ごうてい》を建てるのも、その構想《こうそう》を練《ね》って、青写真《あおじゃしん》にし、それが実際の建築物《けんちくぶつ》という形になって現われるように、心にしっかりと具体的な幸運の設計《せっけい》をするのは、幸せの種播《たねま》き段階です。

心が暗かったり、良くないことを考えたりすると、健康や良縁《りょうえん》、良い職業に恵まれるということはまずありません。少し極端《きょくたん》かもしれませんが、心に悪い計画を立てれば悪い行ないとなって、追われる身か囚《とら》われの身になってしまいます。

できるだけ大勢《おおぜい》の人の幸福になるように投資《とうし》すれば、大きな喜びの刈《か》り取《と》りになります。悪事に使えば、自分は泥沼《どろぬま》に沈《しず》み、お金も泡銭《あぶくぜに》となって消え果《は》てるでしょう。

自分を含めて、この世で形ある物を他人や地球、宇宙全体が良くなるために使った時、それが生かされて使われたことになり、使命が果たされたと自他《じた》ともに満足し、生《い》き甲斐《がい》を感じられるのです。

平成十二年、今年こそという意気込《いきご》みも新たな一月、静岡の有名なお寿司屋《すしや》さんの主人が、ある諍《いさかい》から仕事の包丁《ほうちょう》を持ち出し、若者を刺し殺《さころ》してしまったと報道されました。夢のある、これからという若者は、突然《とつぜん》包丁で刺され、無念《むねん》この上なかったことでしょう。彼をここまで大きくしてこられたご両親の気持ちはいかばかりか……。

どんな事件にも加害者《かがいしゃ》、被害者《ひがいしゃ》の家族が巻き込まれるのです。

包丁で鮮魚《せんぎょ》を料理していた時は、腕の良い旨《うま》いお寿司屋さんとして相当繁盛《はんじょう》し、名も上げ、幸せな生活であったでしょうにと、胸が痛《いた》みます。包丁、お金は、使い方を誤《あやま》ると、とんでもない結果を招《まね》いてしまいます。

「気をつけよう、はじめはみんな小さな火」

消防署《しょうぼうしょ》の駐車場の上に大きな赤い文字で掲《かか》げられている標語《ひょうご》です。火もまた使い方を誤ると、火傷《やけど》、殺人、建造物全焼《けんぞうぶつぜんしょう》という悲惨《ひさん》な結果をみることとなってしまいます。

はじめは、みんな小さな火。良くない小さなことが、大きな災害《さいがい》につながることがあります。たばこをすいはじめた直後からヘビースモーカーにはなりません。急に不良学生にもなりません。賭博《とばく》に興味《きょうみ》を持ちはじめた途端《とたん》、全財産、家屋敷《いえやしき》を賭《か》けたりはしません。

早くから、自分自身をコントロールし良い習慣を身につけておけば、生活習慣病などの汚名でなく、健康生活習慣が身につきます。自分も人も生かし合いのできる心と行動を習慣づけてしまえば、生活習慣幸運という明るくて楽しい良い人生が、この世を生き続ける間、ついてまわります。

運命とは、その人の心に描かれた設計図の通り命を運ぶことをいいますから、良運になろうとすれば、心の中の設計図を良いものにしておかねばなりません。たとえるには恐れ多いのですが、故ダイアナ妃《ひ》とは、外観《がいかん》や条件的には比べようもないほど劣《おと》っている私ですが、たぶん日常生活の中での幸福度合《どあい》は、私の方が高かったのではないかと思えるのです。

「現在、あなたは幸せですか」の問いに、「はい」と答える人が多いのは、産業《さんぎょう》、経済《けいざい》の立ち遅れている国、物質的に豊かでない発展途上国《はってんとじょうこく》だそうです。

人はある程度満《ていどみ》たされると、それに慣《な》れてしまい、さらに次なる物を求め、それを手に入れるまで不足不満の心に支配されてしまうのです。物欲《ぶつよく》は人の心を退廃《たいはい》させ、幸せを幸せと感じないほど麻痺《まひ》させてしまうのです。適当な幸せで満足しないで、他人の分まで掌中《しょうちゅう》に収めたいという欲望《よくぼう》が育つのです。その奪《うば》う気持ちが最後、全部奪われ負債《ふさい》までしょいこむのです。

今も戦闘《せんとう》の炎《ほのお》が舞《ま》い上《あ》がっている国の片隅《かたすみ》で傷《きず》を負《お》った人々は、傷の痛みが少しでも軽くなったらとか、わずかでも身動きができたらと思い、その日の食糧《しょくりょう》にこと欠《か》く人々なら、ハエが止まっていようが、ホコリがかかっていようが、空腹《くうふく》が少しでも満たされたら、どんなにか幸福を覚えることでしょう。

良くない現状《げんじょう》なら改善《かいぜん》する努力はもちろん必要ですが、現状を感謝し受け入れ、認めることも幸せへの第一歩と言えるでしょう。

不足不満の雰囲気《ふんいき》は、周囲をも不愉快《ふゆかい》に陥《おとしい》れます。

一時は、世界中が注目した理想の夫婦像は、チャールズ皇太子《こうたいし》とダイアナ妃だったのです。二人の王子をもうけながら、一度だって心から愛されたことがないなどと言ったとか言われたとかでは悲しすぎます。

夫婦円満《えんまん》が家庭円満の基本です。ある日の新聞に「夫婦げんかでの一言で……」という次のような体験が掲載《けいさい》されていました。四十歳の会社員の方です。

「四年前、ささいなことから妻《つま》とけんかをして私が『それなら出ていけ』と叫《さけ》ぶと、妻は『ええ、出ていくわ』と玄関を飛び出した。ところが妻は勢《いきお》い余って階段を滑《すべ》って転《ころ》び、足を痛めて歩けなくなってしまった。

夫婦げんかは中断、妻は即《そく》入院し手術《しゅじゅつ》を受けた。その後一週間で退院したが、約一カ月間は、松葉《まつば》づえ生活。アパートの三階が自室《じしつ》だったので、週に一度の検診《けんしん》には妻を背負《せお》って階段を上り下りした。全部で三十段あるが、そのたびに、妻の体が綿菓子《わたがし》のように頼《たよ》りない柔《やわ》らかさなのに気づき、なぜか、いとおしい気持ちになった。口は災《わざわ》いのもと。以来、『出ていけ』などという激《はげ》しいけんかは、一度もしていない」と反省していました。

夫婦げんかでも、他に家族がいれば、家事全般に及《およ》ぼす影響は大です。近所、職場、学校に波及《はきゅう》する場合もあり、治療費《ちりょうひ》など思いもよらぬ多額の出費にも泣かされます。何よりも、仲の良くない一組が、家でも、近所でも、職場でもある場合は、周囲までもが本当に迷惑《めいわく》します。家庭なら子どもたちは優しい素直な気持ちでいられるわけがありません。

大きな争《あらそ》いというか、第二次世界大戦という悲惨な体験の後にもやはり国連の反省がありました。「戦争は人の心の中で生まれるものであるから、人の心の中に平和の砦《とりで》を築《きず》かなければならない」——一九四六年に創設されたユネスコ（国連教育科学文化機関）の憲章前文《けんしょうぜんぶん》の一節です。戦いを始めるのも平和を願うのも、すべて人々の心の中です。

天国に塵なし

球界《きゅうかい》の名監督《めいかんとく》といわれるN氏が、対談《たいだん》でこんな発言をされていました。

「勝ちに不思議《ふしぎ》な勝ちあり、負けに不思議な負けなし」

これを耳にした時、この精神《せいしん》がチームを優勝に導くのだと思いました。

負けた時は、攻《せ》める力が不足していた、ミスも目立った、チームの協調性《きょうちょうせい》が欠けていたなど、必ず思い当たる敗因《はいいん》がある。しかし勝った時には「うちのチームがよく勝てたものだ、不思議な勝ちだ、おかげさまとしか言いようがない」と解釈《かいしゃく》できると思うのです。負けた時は自らを反省し、今後の戦い方を考え、士気《しき》を高め、次回に備《そな》える。勝った時は、「自力《じりき》のみで勝てたのではない。不思議に勝たせていただけたのだ」と感謝し驕《おご》らない。「勝って兜《かぶと》の緒《お》を締《し》めよ」という武士道《ぶしどう》をうかがわせます。

またこの監督は、片づけ上手だとも聞きました。衣類などは、季節別、色別にキチッと分けてあり、たとえ今、停電《ていでん》になったとしても、目的の物を取り出すことができると言われるに及《およ》んでは、生活全般の管理を受け持つ主婦にとっては、わが家でも各人がそうであってほしいと思ってしまいました。

「天国に塵《ちり》なし」と言われるように、整理整頓《せいりせいとん》は生活に欠《か》かせません。

使った物に感謝して元の通りに戻す。感謝の気持ちがあると大切に使うし、手入れも行き届きます。整然《せいぜん》としていると、物の存在《そんざい》がはっきりしていて、持ち出すのに捜《さが》す手間《てま》も不要です。外からの侵入者《しんにゅうしゃ》にもすぐ気がつきます。思いがけない所に危険《きけん》物《ぶつ》が置いてあって怪我《けが》をしたり、踏《ふ》んづけて壊《こわ》したりという事故《じこ》もありません。

冷蔵庫《れいぞうこ》の中もそうですが、現状を把握《はあく》していると、無駄《むだ》買いもなく、品物を腐敗《ふはい》させて粗末《そまつ》にすることもありません。今後の対策や計画が早く立てられます。整理整頓できている家庭はきっと栄《さか》えます。

家のまわりだけと言わず、押《お》し入《い》れの中まで整理整頓できている人は、いつも心がスッキリしていて、物事が集中して考えられ、雰囲気《ふんいき》がさわやかです。

部屋の片づいていない雰囲気の良くない宗教家は、要注意です。

宗教家はともかくとして、私たち真理を学び実践する者は、まず片づけてスッキリしておきたいものです。塵のない天国を各家庭にも表わして下さい。

生老病死は四苦ではない

色即是空《しきそくぜくう》、姿、形、人体はあるように見えても本当の自分ではない。「ゆえに肉体はないのだ、ないものはいかにしても構《かま》わない」と結論づけてしまうと、縦《たて》、横《よこ》、厚《あつ》みのある地球で生活している意味がなくなってしまいます。

だいたい形のある生物は、その生体成長期《せいたいせいちょうき》の約五倍は、優《ゆう》にこの世で生命を保持《ほじ》できると述べられています。人間は二十五歳くらいまでを成長期としてその五倍ですから、百二十五歳くらいまでは、諸条件《しょじょうけん》が整えば生存可能ということです。

その実証《じっしょう》は、すでに、皆《みな》さんご存じのように、日本では泉重千代《いずみしげちよ》さんという方が、百二十歳と二百三十七日という長寿《ちょうじゅ》記録で、ギネスブックに認定《にんてい》されました。

フランス人女性ジャンヌ・カルマンさんは、それを更新《こうしん》して百二十二歳まで生存されました。

ただ、長く生存すればそれだけで良い、というものでもないと思います。

この世に誕生《たんじょう》した時から死に近づきはじめているのです。

目的を持って、短時間の睡眠《すいみん》で、一日を楽しく約十六時間何らかの活動をしている人がいるとします。

一方、ただ何となく流されるように八時間のみ働いている人がいます。

前者は一日で後者の二日分働いたことになります。このままで二十五年間働き続けたと仮定《かてい》すれば、後者の五十年分に相当するわけです。

もし前者がその生き方に意義《いぎ》を感じ、楽しく納得しているのでしたら、この世を六十歳で卒業しても、相当長生きした方に匹敵《ひってき》するくらい価値ある人生と言えると思います。愚痴《ぐち》っぽく、陰気《いんき》に、自分の身のまわりのことも他人まかせで生きている人よりは。

長い短いより、いかに楽しく使命を果《は》たして生きたか、歌の文句《もんく》ではありませんが「わが人生に悔《く》いなし」の生活ができたか否《いな》かにかかっていると思います。

しかしそれは一生懸命《いっしょうけんめい》生きるためにとは言え、決して身体を粗末《そまつ》に扱《あつか》ったり、無頓着《むとんじゃく》になってよいというものではありません。身体は、各自、その人の大切な生命の入れ物であり、道具でもあります。

機械や道具は注油《ちゅうゆ》したり埃《ほこり》を払ったり大切に手入れすると、故障《こしょう》せず気持ちよく長く使えるのに似て、人体も管理《かんり》いかんでは、ある程度《ていど》の現状を維持《いじ》できます。

形あるものはいつの日か壊《こわ》れます。非常に硬《かた》い鉱物《こうぶつ》は磨滅《まめつ》しにくく現状を長い間保持することが可能ですが、人体の老化《ろうか》も、どうしても避《さ》けられません。生命の喜ぶ生き方をすると、明るくそれなりに見た目は若くいられますが、病気をしたり暗い気持ちで生きると、驚《おどろ》くほど身体に悪影響《あくえいきょう》をおよぼします。

若く見えていた紳士《しんし》が、犯罪《はんざい》で捕《と》らえられ、短期間で白髪《はくはつ》に変わってしまうのもそれです。

一部の学校でも最近、ある能力に長《た》けている人には飛《と》び級《きゅう》が許されています。このことがマスターできたら次の段階に進めますとか、あなたは全部できて合格だから、もう卒業とか言われます。

死ぬというと生命が果て、自分という者が終わってしまい、無《む》になってしまうと勘《かん》違《ちが》いしているから、人生を侘《わび》しいと思ったりするのです。「今の世の地球という支店においての、あなたの成績は優秀でしたので、卒業を認めます。本社に引き上げます」といって昇天《しょうてん》させられるとしたら、肉体はこの世に脱《ぬ》ぎ、命は太陽と光線、波と海、風と空気、枝《えだ》と幹《みき》のように一時別々に行動しているように見えても、中心生命源に吸収《きゅうしゅう》される。往生《おうじょう》、生まれ往《ゆ》くのですから、生命は永遠です。肉体に異変《いへん》があることを、死ぬと言って悲しむことはないのです。

絵本『葉っぱのフレディ』にも、木は、葉が落ち、枯《か》れて死んでしまったように見えても、人の目には見えませんが、また次の年に新しい芽《め》を出す準備を元気にしている、とあります。

今まであったAさんの容姿《ようし》をこの世で再び見ることができないのは、確かに寂《さび》しくやるせない思いです。

しかし、形あるものは日々刻々《こくこく》変化し、やがては朽《く》ち果《は》てるのが宿命《しゅくめい》です。

地球上で、自分というものを精一杯《せいいっぱい》表現でき、充実《じゅうじつ》し、悔《く》いがない人生だったら、短命《たんめい》であろうが長命《ちょうめい》であろうが、最上のものだと言えましょう。

業績《ぎょうせき》多く若くして逝《ゆ》かれた方々が、その後永く称《たた》え偲《しの》ばれる様子を見てもわかることです。

肉体は、人間に与えられた地球上だけの表現の道具であり、芸術やあらゆる作品

は、個性と感動の表現であります。

この世での生活は、長短《ちょうたん》はあっても死という形で卒業します。それは同時に、自分という肉体からの卒業であり、見えない世界への入学です。

どんなものにも中心があるように、宇宙にも、目には見えませんが中心があるのです。その中心者を神と言うのですね。

私は宗教家ではありません。大宇宙を創造《そうぞう》された中心者と申しますか、創造主の心を伝える役目を果たしたいのです。それをお伝えすることによって、生命の意義を知り、生命のからくりも理解できて楽しく生きることができるからです。

こんな不確かな体験では、人間は神の子で、永遠に生き通しであることなど信じられないという方に、小林春恵著『わが信仰《しんこう》の旅路《たびじ》』という本の中から、次のような文を抜粋《ばっすい》させていただきました。

小林昭三、春恵さんという信仰深いご夫婦のお話です。このお二人は昭和二十四年五月九日、当時としては型破《かたやぶ》りな、春恵さんがお婿《むこ》さんの昭三さんより二十一歳姉《あね》さん女房《にょうぼう》の結婚式でした。お姑《しゅうとめ》さんがお嫁《よめ》さんより一歳下というのも世間では話題を呼んだことと思います。お姑さんもとても信仰心の厚かった方だそうです。

たいていは年齢《ねんれい》順と申しますが、若い昭三さんが、印刷製版業《いんさつせいはんぎょう》をされていて、亜鉛《あえん》版《ばん》を腐蝕《ふしょく》させる薬品《やくひん》の中毒《ちゅうどく》で、昭和二十七年九月二十八日、結婚生活三年余りで他界《たかい》されたのです。

小林昭三さんは魂《たましい》、生命は生き通しであることを十分わかっておられましたが、「疲《つか》れたから、休むかな。それじゃ休むで」と言って、本気で休んでしまった。春恵さんは「ほんに苦しまなくって死なれるんですね」と書かれています。

「主人の好きな歌を歌い終わる時、私の頭の上をさらさらと風が吹いてきました。まさに喜びを運んできたような、さわやかな、なんとも言えないさらさらした風が吹いたと思うと、私の胸の中へすーっと入るような気がしたのです」

それを、昭三さんと懇意《こんい》にしていた小出タケさんが「春恵さんは見えない霊風《れいふう》を信じられていいけれど、私は目に見えないものは信じられない」と言われて「昭三さん、タケさんが目に見えないものは信じられないって言うから、目に見えるように、昭三さん、知らせることはできませんか」と春恵さんが語りかけると、紙で作られている造花《ぞうか》の「しかばな」の内側だけが、サ、サ、サ、サと揺《ゆ》れて上にゆくとパッと止まる。あんな薄《うす》い紙の中の方だけで外側は絶対揺れない。中だけがサ、サ、サ、サ、下から上へあがってパッと止まる。それが何回か繰り返されたのです。

風もなく、花の外側は微動《びどう》だにしないこの現象《げんしょう》に、小出タケさんのみならずまわりに居合《いあ》わせた人たちは「あれ、あれ」とびっくりです。

もういいだろうと思って「昭三さん、ありがとうございました」と言うと同時に、この現象はピタッと止まったそうです。

その後、住職《じゅうしょく》さんが七日、七日にお経《きょう》を読みに来られ、三十五日から二日経《た》ってから、「小林さん、大変だ、俺《おれ》も坊主《ぼうず》を六十何年やってるけれど、死んだ人間から、位《い》牌《はい》の名前が違《ちが》うから書き換《か》えてくれなんて催促《さいそく》されたことはなかった」と言われ、次のような話をされたそうです。

お寺の庫裡《くり》にいたら「ご院主《いんしゅ》さん、ご院主さん」と呼ぶ声がするから、「おう」と言って、あたりを見たが誰《だれ》もいない。

また「ご院主さん、ご院主さん」と呼ぶ声がする。

「なんだ、誰か俺を呼んだのか」と奥へ声を掛けると、奥からは、家人《かじん》の「何にも呼びません」との声がした。

ところが、また「ご院主さん、ご院主さん」との声がします。「誰だ、俺を呼ぶのは」と言ったら、「小林昭三です」との声です。

「小林昭三。おまえは死んだんではないか」

「いや、死んではいませんよ。私の名前が違うから、位牌を持ってきて、書き直していただきたい」

そして位牌には、自動書記《じどうしょき》で小林昭三さんの筆跡《ひっせき》で「生長院釈昭三」と書かれたというのです。新潟の居島の小林さん宅に行かれたらその証《あかし》が拝見《はいけん》できるはずです。

人として避《さ》けることのできない四つの苦しみの一番目に、お釈迦様《しゃかさま》は男性だからでしょうか、生まれる苦しみを挙《あ》げられました。女性の立場からは、産むほうが何倍も苦しいと申せます。しかし、私も真理を実践してからは、無痛安産を体験しました。

老いは途中で破滅《はめつ》せず成長し続けてきた賜物《たまもの》です。「病気のおかげで、健康や人のありがたさがわかった今が、幸せです」などの声も聞きます。

前述の本の中にも「苦しまなくって死なれる」とあります。仏説《ぶっせつ》の生老病死《しょうろうびょうし》は、真理を学び、調和し感謝して生活している人にとっては、四苦《しく》ではなかったのです。

素直に受ける

大自然の無限《むげん》の力をお伝えするには、伝える方も真剣《しんけん》でなくてはなりませんが、受け取る側も、五月晴《さつきば》れの空に泳ぐ鯉《こい》になっていただきたいと思います。

鯉の中に、先入観《せんにゅうかん》や疑心暗鬼《ぎしんあんき》がいっぱい詰《つ》まっていると、いくら良いことをお伝えしても、最初から「これ以上はもう何も入らない」で、地上から浮き上がることができません。

体験者や世間も認める先導者《せんどうしゃ》の意見は、受け入れてみる価値《かち》があります。

その時、その場で役立たなくても、思いがけないところで、「知っていてよかった」と思うことがあるはずです。

教えられたことが、そのまま役立つこともありますが、教えられた通りのことを行なっても、数学の答えのように、画一《かくいつ》の結果が出てくるとは限りません。酸性《さんせい》やアルカリ性の土壌《どじょう》、肥沃《ひよく》な土地もあればやせた土地もあるからです。

人にもそれぞれの体質や性格があるでしょうから、やはり、それに似合った働きかけが必要です。

「人を見て法《ほう》を説《と》け」と言われるように、その人の特性《とくせい》が生かせる的確《てきかく》なアドバイスだと効果大です。自分なりにポリシーを持っているからと真理に耳を傾けない人は、わがままを「らしさ」と勘違《かんちが》いしている場合があります。

たとえば、無愛想《ぶあいそう》なのはあの子らしい、片づけの悪さはあの人らしい、と言って認めてしまうことなどです。良い方にしつけることを怠《おこた》って、その個人の特性だと簡単《かんたん》に認めてしまうのは危険です。

「ごめんなさい」「すみません」と挨拶《あいさつ》一つできないことから大きな事件に発展することが多いのです。

「らしく」あるというのは、その時その場で、その人の持つ善《ぜん》の特性を素直に十分生かしきるということです。

人間社会において良い人間、また住《す》み心地《ごこち》良い環境というのは、人と人の間に何を置くかで決められると思います。

それは、個人とは一個のタイルのような存在《そんざい》であると言えましょう。

上下左右にタイルが貼《は》られているとして、どうも隣《となり》の人が気にかかります。「隣の人は、どうも虫が好かない。挨拶するのも嫌《いや》だ、私は一人が好きだ、迷惑《めいわく》かけるのもかけられるのもいやだ。関《かか》わり合いを持ちたくない」などと思ったとすると、自分と隣の間、すなわちタイルとタイルの間、目地《めじ》はしっくりしないどころかヒビ割れはじめ、さらにはそれが進行してはがれて落ちてしまいます。一枚落ち出すとあとは早いもので、次々とはがれ落ち、周囲がなくなると自分を支えてくれていたものがなくなって、自分も最後に孤独《こどく》になって落ちてしまうのです。

周囲と自分の間には調和が必要なのです。

人間社会は、自分という身体があって、思っていることがすぐに表現できるのです。

初めての出会いは、紹介したりされたりの挨拶から始まります。

「挨拶」は二文字とも手偏《てへん》です。挨拶する時も受ける時も、少なくとも両手は前に出しておきたいものです。いつでも、あなたを迎《むか》え入れられ、また、いつでもあなたに応じられます、あなたに心を開いていますとの表現です。

挨拶してもあの人は腕組《うでぐ》みしたままだったとか、後《うし》ろ手《で》やポケットに手を入れたままだったとかで険悪《けんあく》になった間柄《あいだがら》を耳にします。

表現体のある人間は、自分にも人にも愛や善《ぜん》、喜びを表わしたいものです。感謝していても、表現しなければ相手に通じません。頭を下げる、「ありがとう」と言うなど、心を表すために身体があるのです。

本当の感謝報恩は、受けた事物《じぶつ》に感謝の気持ちの分をプラスして世の中にお返しする行動のことです。お互《たが》いのことを思い合う、その調和がつまりは、自分を守ってくれることになるのです。調和は単なる争《あらそ》いをしないというような上辺だけのものではありません。お互いに良い「おふれ」(情報交換、回覧)をする、ふれあいが大切なのです。

一九九九年の夏、玄倉川《くろくらがわ》でテントを張ってキャンプをしていた幾組かの家族が、折からの豪雨《ごうう》の中、地元の方々の再三の親切な警告《けいこく》、情報にも耳を貸さなかったため、救助隊《きゅうじょたい》の必死の救援活動も空《むな》しく、居合わせた人々の目前で、増水した急流《きゅうりゅう》に無惨《むざん》にものみ込まれたニュース。

あまりに悲惨《ひさん》な出来事に、思い出しても胸が痛《いた》みます。

どの道でも「素人《しろうと》判断は甘《あま》い」と言われます。一般的とか常識的に考えられない特《とく》異《い》な事例が、時として、場所として、人としてあるのです。その土地特有の気象《きしょう》、風《ふう》習《しゅう》、人柄《ひとがら》をよく理解するまでは、そこの事情に合わせるのが調和です。調和できぬものは、助けたくても助けられないという真理もあります。

まず、大人がしっかりと地域《ちいき》や社会に調和し、正しい言葉を受け入れる素直な心になる態度を示さないと、「今の子は言うことを聞かない」と叱責《しっせき》できません。

大人がもっと素直に感謝して行動していれば、幼い子どもを巻き添えにしなかったでしょうにという事件も多くあります。

争いの念波《ねんぱ》は、救いを拒否《きょひ》してしまいますから、夫婦、親子、兄弟、周囲、皆仲良くしていきましょう。子どもの発熱・病気は夫婦間の諍《いさかい》が原因である場合も多くあります。

争い、けんかは電気で言えばショートして発火した状態です。役立つ次の電気は、その先にはもう届きません。

自然治癒力《しぜんちゆりょく》を受け取れず、化膿《かのう》したり悪化することもあります。身体が熱《いき》り立《た》つと、血液の流れ、新陳代謝《しんちんたいしゃ》も異常《いじょう》になります。

もめごとはなるべく敬遠《けいえん》です。

苦痛からの脱却

食物や労働の多少、環境の善《よ》し悪《あ》しなど、病気の原因はいろいろです。

しかし、同じ物を食べて、同じ環境にいても病気になる人もあれば、健康な人もいるように、心の作用《さよう》で異《こと》なる状態が現われることも確かです。

この本のいたるところで、心が身体に与える影響を書かせていただきました。ここでまとめて、自然治癒力《しぜんちゆりょく》・パワーが働かない場合があるものを列記《れっき》してみます。

一、反省心のない人
二、自然力をはじめ、衣食住、他人、環境に対して感謝の心のない人
三、誰かを非常に憎《にく》んだり、恨《うら》んだり、許せない人
四、夫は天で妻は大地、年長者は先輩、電極《でんきょく》の+極《プラス》と−極《マイナス》、河川の上流と下流など、変えることのできない立場を理解しない、あるいは認めない、親を親、夫

を夫とも思わないで反抗し、素直でない人

五、今の病気が治りたくない人（健康だと嫌《きら》いな人に会ったり、いやな仕事をしなければならないが、病気だとそれから逃《に》げられる。自分は病気なんだから仕方がない、許されると思い、自責《じせき》の念《ねん》がない。病気をしていると周囲が同情的《どうじょうてき》になる。例えば農作業が嫌いな人は、農繁期《のうはんき》になると発病《はつびょう》あるいは重症《じゅうしょう》になる）

六、真理の力、自然治癒力を信じられない人

七、真理を伝えてくれた人、パワーを送ってくれた人に、お礼を言ったり、恩《おん》を感じたり、頭を下げるのがいやで、自尊心《じそんしん》が強く、謙虚《けんきょ》でない人

八、人知れず働いた悪事に神罰《しんばつ》として病気や怪我《けが》を受け、治れないと思っている人（神は善ですから、罰や病気や怪我を創《つく》られません。自責の念、自己処罰《じこしょばつ》で悪運を呼んでいるのです。神罰というより自然淘汰《しぜんとうた》は行なわれます）

などが掲《あ》げられます。最後に心の問題としてではない場合です。

九、間もなく肉体という服を脱《ぬ》ぎ、命（魂《たましい》）だけになって他界《たかい》する場合

概《おおむ》ね以上です。

これらと反対の心になって、明るく喜んで働けば、健康はすぐに戻ってきます。

ただし、過労《かろう》が原因の場合は、十分な睡眠《すいみん》と休養《きゅうよう》でエネルギーを補給《ほきゅう》して下さい。

燃料《ねんりょう》のない自動車は走れません。

〔体験記〕子どもが突然の危篤病状から脱出

風薫《かぜかお》る五月晴《さつきば》れの頃を迎えております。

日頃は、大変お世話になりまして、ありがたく存じます。さて、先日に起こりました子どもの病気の件につきましては、池田先生のお力にて、無事《ぶじ》乗り越え、不思議《ふしぎ》に治って、現在、素晴《すば》らしい元の姿にて、過ごさせていただいております。

病院の医師も「何だったのでしょうね。一過性《いっかせい》のものだったのかな」と首をかしげられるばかりでした。

一時は、やっと覚《おぼ》えた二言三言のおしゃべりのまま、この世を去《さ》っていくのかし

ら、「痛《いた》い」も言わないでこのまま……とまで思いました。先生にお願いしましました

次の日、普通の便《べん》を見た時は、生き返らせていただけた思いがいたしました。人生の中で、これほどの喜びを味わったことがほかにないくらい、うれしい限りでした。ありがとうございました。

早速《さっそく》、家族、皆《みな》に伝え、ありがたさを味わいました。「五分後にパワーを送ります」と言われ、その五分後に「じいーん」と手に力が来た不思議さは一生忘れられません。

池田先生のお力に伏《ふ》してお礼を述《の》べる次第でございます。ありがとうございました。アドバイスいただいたこと、何もかもお見通しと身を恥《は》じております。

四月三十日

永井まり子

童話 がってんしょうちゃん

びわ湖《こ》のそばに、「はまべしょうた」という男《おとこ》の子《こ》がすんでいます。

しょうたは、小学校一年生《しょうがっこういちねんせい》になったばかりの元気《げんき》な男の子です。

まわりの人《ひと》たちは、しょうたのことを、「がってんしょうちゃん」とよんでいます。

しょうたにようじをたのむと、「がってんだ（わかった）」と言《い》って、すっとんでいくからです。きょうも、しょうたは、おかあさんにおつかいをたのまれました。

「しょうた、おとうふやさんに行《い》って、おとうふと……」まで聞《き》くと、いつものように、しょうたは「がってんだ」と言って、おかあさんの手《て》から、サイフとかいものかごを、うばい取《と》るようにして、かけだしていってしまいました。

おかあさんは、「ふうーっ」とためいきをつきました。しょうたは、おかいもののないようをぜんぶは聞かないで、行ってしまったのです。

「おすしをつくるおあげも、ほし

かったのに」と、おかあさんはつぶやきました。
かていほうもんといって、しょうたのクラスの先生《せんせい》が、しょうたのいえをたずねてきてくださったときに、話《はな》されたことも、やはりそのことでした。
わかい女《おんな》の先生がにこにこしながら、「しょうたくんは、もんだいを出《だ》すと、さいごまで聞かないで、こたえてしまうので、できないのではないのですが、ざんねんです」と、言われたことを、おかあさんはおもいだしていました。どんなことでも「がってんだ」と、すっとんでいってくれても、さいごまで聞けないので、「早《はや》がてんのしょうちゃん」とよばれるわけです。

おかあさんは、日《にち》よう日《び》のあさは、こだかい丘《おか》の上のお寺《てら》におまつりしてある、大《おお》きなかんのんさまに、おまいりに行っています。かぞくがなかよくげんきでいられることのおれいと、そのあと、わすれずに、「しょうたが、人《ひと》の話《はなし》がさいごまで聞けて、どんなことも、おわりまでやりとげられるよう、おまもり下《くだ》さい」とおねがいをしていました。

しょうたも、早くおきられた日ようう日のあさは、おかあさんといっしょに、そのかんのんさまに、おまいりに行きます。

しょうたのおねがいは、おかあさんのとはちがっていました。

「かんのんさま、どうぞ、いっしょにあそべるおとうとが、うまれますように」と、しんけんにたのみます。そして、おかあさんといっしょに、とちゅうでつんだ山《やま》ゆりや、名《な》まえを知《し》らないきれいな花《はな》を、おそなえします。

がっこうに入《はい》って、はじめての夏《なつ》休《やす》みのことでした。

ちかくの子どもたちがあつまって「たからさがし」をすることになりました。

おとなのせわやくの人が、しょうたたちがあつまるまえ、いろいろなところに、なにかをかくしていました。男のせわやくの人が言いました。

「さあ、これから、たからさがしをはじめます。みんなのすきそうなものが、いっぱいかくしてあります」

ここまで聞くと、しょうたは、いつものように「がってんだ」と言って、たからさがしに、かけ出していってしまいました。

そのあと、まだ男の人のはなしは、つづいていました。

「あの松《まつ》の木《き》から南《みなみ》の方《ほう》、そしてびわ湖のうたが、きざまれている大きな石《せき》ひの立《た》っているところまでに、紙《かみ》にすうじをかいてかくしてあります。それをみつけて、ここにもってきてください。そのすうじと同《おな》じばんごうのたからものを、あげます。さぁ、それでは、ようい、はじめ！」と言って、ピピィーッとふえをふきました。

そのころ、しょうたは、もう、松《まつ》の木をとおりすぎ、北《きた》の方に走《はし》ってきていました。

すなをほったり、かれ葉《は》をめくっ

たり、少《すこ》し大きな石《いし》を、よけたりして、たからをさがすのですが、たからものらしきものは、なにも見《み》つかりません。

しょうたは、すうじのかいた紙が、たからもののばんごうだということもしりません。

ぜんぜんかくしていないばしょに行って、たからさがしをしても、見つかるはずがありません。

「あった!」。とおくで、ともだちの、ゆうくんの、はずんだこえがしました。

「わたしも見つけた!」。しばらくすると、やすえちゃんのこえも、聞こえました。

そのうち「あった」「見つけた」「やった」のこえが、たくさん聞こえてきました。

しょうたも、はやく見つけたくてたまりません。きもちがいらいらしてきます。

ごみかごの中《なか》も、さがしましたが、くさくて、きたないものばかりでした。

ジュースの絵のかんばんの下《した》に、ピカッとひかるものが見えたので、(やっと、見つけた!)とおもってひろい上《あ》げると、あきかんでした。

「おおーい、もうそろそろせいげん

じかんになるぞ、見つけただけ、もってあつまれ」

ピピィーッとふえがなりました。

しょうたも、みんなのところに、もどることにしました。

「十三ばんは、ぼうえんきょう。いいものがあたったね。おめでとう」

「はい、七ばんは、プラモデル。大あたり！」

おともだちは、つぎつぎ、たからものをもらっています。

しょうたは、一ばんさきからさがしはじめたのに、さんかしょうのノートが一さつもらえただけでした。

夏休みがすんで、すずしくなったころ、しょうたは、おかあさんから、びょうきでねているおばあちゃんのおみまいに行くように、たのまれました。

じてんしゃに、じょうずにのれるしょうたですから、まえのカゴに、つくりたてのおはぎと、きれいな花たばをのせて、くちぶえをふきながら、出かけました。

おかあさんがおしえてくれた、大きな川《かわ》にかかっているはしをわたり、でんわきょくのタワーのまえも、とおりました。けれど、そこからさき、どう行けば、おばあちゃんのいえにつけるのか、わからなくなって、しょうたは、こまってしまいました。

おかあさんのせつめいでは、タワーのところまで行けば、おばあちゃんがいるように思《おも》えて、みちじゅんを、さいごまでしっかり聞かないで出てきてしまったのです。

おとうさんのじどうしゃにのせてもらってなら、なんども行ったことはあるのですが、ひとりで行くのは、はじめてです。

タワーのちかくのみちを、あちらこちら行って、さがしたのですが、見つかりません。

だんだん夕方《ゆうがた》になってきて、お花も、しょうたも、げんきがなくなってきました。

このようすを、タバコやのおばさんが見ていて、しょうたにわけを聞いてくれました。

そして、しょうたのいえにでんわをかけました。おかあさんは、しょうたのかえりがおそいので、しんぱいしていましたから、でんわでようすを聞くと、すぐにじどうしゃで、あとをおっかけてきました。

おばあちゃんのいえは、タバコやの方と、はんたいがわのみちにありました。


おばあちゃんは、ベッドに、はんぶんおきあがって、おはぎをおいしそうにたべています。おかあさんも、ほっとしたようすです。

「しょうちゃん、もうすぐ、おにいさんになるんだから、しっかりみちを、おぼえて、きょうだいで、いっしょにあそびにおいでよね」と、おばあちゃんが言いました。

おかあさんのおなかに、赤《あか》ちゃんができたのです。その夜《よ》、しょうたは、おとうとがうまれるゆめを見たのでした。

おわり

第5章　生命の不思議

母の想い出

一番下の子どもが中学校に進む頃《ころ》にもなると母も老《お》いてきて、「小づかい銭《せん》や手紙を送ってくれるよりも出会える方がいい」と要求したので、私もそれに応じたいと思いました。

滋賀県《しがけん》北部の県境《けんざかい》を越えて間もない福井県《ふくいけん》の敦賀《つるが》に、高速北陸自動車道《こうそくほくりくじどうしゃどう》を造成《ぞうせい》した時に偶然《ぐうぜん》掘《ほ》り当《あ》てられた良質《りょうしつ》の温泉《おんせん》があります。その頃、母は湖北《こほく》で、息子夫婦と一緒に住んでいました。電車でそこまで母を迎《むか》えに行き、そこからは母と二人で連れ立って電車の人となりました。

車中《しゃちゅう》では、母の溜《た》まりに溜まった一カ月分の話にただひたすら聞き役に徹《てっ》し、タクシーで温泉に行き、母の背中を流し、入浴《にゅうよく》後は食事をともに楽しんで、また電車で母を送り届けるという月一回の行事が幾年《いくねん》か続きました。

母の背にかけにし苦労詫《わ》びながら
肩揉《かたも》む我《われ》も五十路《いそじ》なりけり

食《は》みこぼし残らず拾《ひろ》う母卆寿《そつじゅ》
確かな視力共《しりょくとも》に喜ぶ

年月が重なると母の足元も重くなってきて、駅の階段の上り下りがおぼつかないものになってきました。

ある時、列車ダイヤの乱《みだ》れがあって、母を迎えに行く約束の電車が来ませんでした。

私は機転《きてん》を利《き》かして、米原《まいばら》からその駅まで大急ぎでバスに乗り込みました。電車とバスの速度は違《ちが》います。目的の駅に着く頃には、出会う予定を一時間近くもオーバーしていました。

バスから降《お》りて、母はと探《さが》すと、母は柵《さく》にもたれながら、私が乗ってきそうな電車を、私を見落とすまいとずうっと待っていたのでしょう。何とも言えない母の後ろ姿を見て、私の来るのをこんなにも楽しみに待っていてくれたのだと思うと、切《せつ》なくいとおしくも感じました。月一日の休日を作るのは大変でしたが、これからは、もっと喜んで時間を取らせていただこうと決めました。

それと同時に母の希望に合わせられるだけ長く温泉通いをしようと思いました。

そのためには、母が楽に家から温泉に行ける手段《しゅだん》、すなわち足に負担《ふたん》をかけないで行く方法を考えたのです。

もうそれしかないと考えついたのが、自動車の運転免許《うんてんめんきょ》を取ることでした。

四十九歳という若くもない時でしたが、一大決心をして自動車教習所《きょうしゅうしょ》の入所式に臨《のぞ》みました。運転免許は、運転歴三十年の夫と、運動神経《うんどうしんけい》のよい次女が仕事と大学生活の間を上手《じょうず》に縫《ぬ》って二十歳《はたち》で取得《しゅとく》しておりました。私が母のために免許を取りたいという話を聞いて、結婚《けっこん》を寸前《すんぜん》に控《ひか》えた長女が「私も忙《いそが》しかったので、教習所へ行っている時間がなかったけれど、この機会に一緒に免許を取りに行くわ」と言って、できるだけ近くで、厳《きび》しいけれど取得後、安心して乗れるという教習所の案内書や必要な書類《しょるい》を取り寄せ手続きをしてくれたのが大いに助かり、心丈夫《こころじょうぶ》でもありました。

約三カ月、ちょうどこの前の本を出版した時でもありましたので、非常に忙しい時でしたが、長女はいろいろと私の都合《つごう》に合わせて行動してくれ、練習に通いました。秋に始めて、最後に県の免許センターで行なわれる試験は師走《しわす》に入った七日でした。

寒い北風が吹く暗い日でしたが、免許証を見るたび、親娘で合格できた喜びを思い出します。

その日、夫は、数少ないバスの便しかない免許センターまで迎えに来てくれました。温かな心づかいもまた忘れられません。

運転免許証が取れる見込《みこ》みがついた頃、

「これからは、自動車で温泉に行こう」と母に言ったら、

「恐《おそ》ろしいこと！　自分の町で乗っているのはいいけれど、こんなに遠い所まで乗ってこないで」と言われてしまいました。

母は私の運転が「怖《こわ》い」と言いましたが、私自身、教習所のように横に教官《きょうかん》が乗っていない車で、路上《ろじょう》や繁華《はんか》な通りを運転するのは本当に不安でした。

教習所で、大きな人身事故《じんしんじこ》や事故を想定《そうてい》した悲惨《ひさん》なビデオを、これでもかというほど見せられたこともあって、乗りはじめの頃は、周囲の人も車も、全部が私にとって

事故を与える要因《よういん》に思え、緊張《きんちょう》の連続でした。

こわごわ乗っていたある日、狭《せま》い道路で、対向車《たいこうしゃ》がうーんと端《はし》に寄って待ってくれていたのを見てから、私は運転がとても楽しくなったのです。

どんな車を運転する人も、私と同じように事故を起こしたくないと思っているんだ、みんな私の味方なんだと無理《むり》なくそう思えたのです。周囲をすべて敵《てき》と考えるか、味方と考えるかでは、こんなにも心の明るさと軽さが違うものかと驚《おどろ》きました。

家から事務所《じむしょ》までほんのわずかの距離《きょり》ですが、早朝《そうちょう》、三時や四時に練習を兼《か》ねて仕事の段取りに行き、自信がついた頃、思い切って車で母を迎えに行きました。

あんなに私の運転を警戒《けいかい》して嫌《いや》がっていた母でしたが、どうしたことか何も言わずに、横の席に乗ってくれたのです。

「ああ、私は幸せ者だこと、こんなに幸せということを擦《す》れ違《ちが》った車の人や、外で働いているホラあの人らは、知らないわな」と、何とも変わった喜び方をして、歩かなくてもいい戸口《とぐち》から戸口までの温泉旅行を心底《しんそこ》楽しんでいる様子でした。

琵琶湖大橋《びわこおおはし》取付け道路のふもとに住んでいる私には往復《おうふく》約五時間のきつい運転ですが、その行事が終わるたびに、無事だったことへの感謝《かんしゃ》と、果たせたことへの満足感を覚《おぼ》えるのでした。

そんな温泉ドライブが丸二年も過ぎた平成七年二月二十日、例年なら、屋根《やね》の雪を降ろさないと庇《ひさし》が折《お》れたり、家屋《かおく》が崩《くず》れるおそれのあるほど、深い雪に覆《おお》われるのですが、情報では、珍《めずら》しく「通行可能」ということでした。

その年の一月十七日、早朝、五時四十六分には、あの阪神《はんしん》・淡路大震災《あわじだいしんさい》があり、毎日毎日暗いニュースの中、母のところに出発しました。

近江商人《おうみしょうにん》の街《まち》、近江八幡《おうみはちまん》を過ぎた頃から、雪がちらつきはじめました。

車はスノータイヤに替《か》えていましたし、北の空もそんなに暗くなかったので、前の車に続きました。

車がスピードを上げるにしたがい、降雪《こうせつ》も激《はげ》しさを増すように思え、雪の場合は、ちらちらも吹雪《ふぶき》になってしまうので、本当の具合がわからないままに、母のところに着きました。

雪の怖さを知っている、用心深い母から「今日は行かない」と言われたら、今度は何日に来られるかなどと懸念《けねん》したのは無駄《むだ》でした。

冬のこととて、出歩けず家に閉《と》じこもってばかりだったのが退屈《たいくつ》だったのか、うれしそうに出かける身仕度《みじたく》をして乗り込んでくれました。

三キロメートルほど走ったところで、「国道三六五号線は雪のため通行できません」の表示が目に飛び込んできました。雪はやんでいました。

母に伺《うかが》いを立ててみると、

「行きたい」と、私が想像《そうぞう》していたのとは反対の答えが返ってきました。

「行けるところまで行って、行けなくなったら引き返すからね」と、当たり前の答え方をしましたが、一台も車の見当《みあ》たらない、薄暗《うすぐら》い柳ヶ瀬《やながせ》トンネルに進入する時は、さすがに不安でした。片側交互《かたがわこうご》通行のトンネル内は、信号だけが頼《たの》みの綱《つな》です。片道走行所要時間が終わった頃に信号が自動で変わりますから、もたもたしてはいられません。

温泉ドライブで、私の一番苦手なのがこのトンネルです。天候が変わりやすく、積《せき》雪《せつ》の多いのもやはりこの付近です。長いトンネルがいつもより長く感じられるのは不安なためなのかと思いながら、慎重《しんちょう》に運転をしていると、前方に小さな薄明《うすあ》かりが見えてきました。出口です。

「通行できたんだ。あの表示は回収《かいしゅう》忘れだったんだ」と、母の要望《ようぼう》にしたがって賢《けん》明《めい》だったとホッとしました。

その日の温泉の気持ちよかったこと、母の背中を流し、入浴後は食事をして、母がしばらくお昼寝をするので、寝入《ねい》るまでの間をいつものように、頭から足の先までマッサージをしてあげました。

母が目覚《めざ》めると帰路《きろ》につきます。ようやくにして、母が喜んでくれた満足感で、何の不安もなく送り届けることができます。

別れる時、「遠いところを、何回も温泉に連れていってくれてありがとう」と挨拶《あいさつ》をしてくれたのですが、それが母との今生《こんじょう》の別れの言葉になってしまったのです。

それから十八日後の三月一日、母は天国に召《め》されたのです。間もなく九十二歳になるところでした。毎週水曜日に行なう書道教室は、生徒さんがとてもたくさんなので大変なことを母は覚えてくれていたのでしょうか。

教室としてお借《か》りしている公民館《こうみんかん》を閉《し》めて車に乗り込み、エンジンをかけた途端《とたん》、助手席に飛び乗ってきたのは、自宅から電車、タクシーを乗り継《の》いで、「たった今、おばあちゃんが亡《な》くなった」と知らせに来た長男でした。

南へ向かって帰るところを急遽《きゅうきょ》、ハンドルを北に向け、雨の降《ふ》りはじめた道をただ母のことだけを思って無言《むごん》で走りました。

母は頭を北にして寝ていました。

愛用《あいよう》の手押《てお》し車が、片づけられていないので、兄が部屋を覗《のぞ》いたところ、息絶《いきた》えていたとのことでした。自分の身体に異状《いじょう》を感じ、大急ぎで部屋に駆《か》け込《こ》んだのでしょう。幸い苦しんだ様子もなく、母の顔は穏《おだ》やかでした。

以前次女が、人命救助《じんめいきゅうじょ》で心肺蘇生《しんぱいそせい》をしながら、「人は、こんなに簡単《かんたん》に死ぬものなのか」と思い、息を吹《ふ》き返した時、「やはり、なかなか死なないものだ」と思ったと話しました。母のことは、「人はこんなに簡単に死んでしまうのか」と思いました。

一歳八カ月で父を亡くした私は、母が父親の役割もしてくれていましたから、一度に両親を失った淋《さび》しさに襲《おそ》われました。

その後、雨の降る暗い日は、どこにこんなたくさんの涙があったのだろうかと思うほど、一人になると、泣《な》けて仕方がありませんでした。楽しみ少ない寒い冬のことだから仕事の都合をつけて、「明日は母のところに行こう」と思っていた矢先《やさき》のことだったことも悔《く》やまれてなりませんでした。

生命は生き通しだと理解しながらも、母の姿がこの世でもう見られないのは、悲しいことでした。

母恋詩

春雨《はるさめ》のしとしと降って
暗き日は
九十一歳で旅立った
母恋《こい》しくて泣いてます

おばあちゃん
おおばあちゃんと呼ばれれど
どんなに齢《よわい》を重ねても
私には
変《へん》化《か》活用《かつよう》できません

母は、母です
お母さん

この世の中で誰《だれ》よりも
わかってくれたお母さん
支えてくれたお母さん
逝《ゆ》かれてしまった今になり
あれもこれもと思います

幾《いく》時間かけても会いに行けるなら
今すぐ出発するものを
この世で会えない寂《さび》しさが
押し寄せ来ては切《せつ》なくて
たらたらと降る春雨と
一緒になって泣いています

喜ばれるよう生きようと
強く心に決めながら
一人になるとは泣いています
雨が降るたび泣いています

こっそり泣くならいいですか

（平成七年　早春）

母が亡くなって、とても悲しかったけれど、魂《たましい》は生き通しであることを真理で学び、理解していましたから、生きる気力まで失うことはありませんでしたが、しばらくは、母のことばかり考えていました。

幾重《いくえ》にも　母のおもかげ　花茗荷《はなみょうが》

恩師と真理

坂木《さかき》先生は、小学校三年生の時の担任《たんにん》教師でした。

先生との出会いなくして、今の私の存在《そんざい》は考えられないと思います。

小学一、二年までは私などそこにいるかとも言われないような、まったく目立《めだ》たない存在でした。一、二年生の時は、担任の先生と同じ集落《しゅうらく》から来ていた児童《じどう》は、子どもの目から見てもやはり特別な扱《あつか》いだったように思いました。

親が、役場《やくば》、銀行《ぎんこう》、国鉄《こくてつ》（現・ＪＲ）、農協《のうきょう》（現・ＪＡ）など、当時社会的にエリートとされるところに勤務《きんむ》していた家の子もやはり、扱い方が違《ちが》ったと今振《ふ》り返っても思えます。

そこへいくと、生活保護《せいかつほご》こそ受けてはいませんでしたが、母子家庭《ぼしかてい》では、先生に嫌《きら》われないようにすることだけで精一杯《せいいっぱい》だったような哀《あわ》れな低学年だった気がします。

子ども心に悲しかったのでしょう、それが反面《はんめん》教師となり、今私が講師《こうし》となっている全課目《かもく》において「すべての人に平等」をモットーとさせていただいているのですから、それも貴重《きちょう》な体験だったのかもしれません。

ところが坂木先生は、担任でない児童にまで、心優《やさ》しくよく声をかけて下さるのでした。

担任教師と決まった時から、「大好きな先生に、どうしたら喜んでもらえるか」を小さいながらに一生懸命《いっしょうけんめい》考えていました。午前中の授業が終わるや否《いな》や、まっ先に教員室に飛んでいって、先生のお弁当《べんとう》を取ってきたり、勉強がすむと黒板消《こくばんけ》しを叩《たた》いたり、掲示物《けいじぶつ》のお手伝いをしたりと大張《は》り切《き》りでした。

しかし先生は、いつも公正《こうせい》でした。その証拠《しょうこ》に、私の苦手《にがて》な習字は一度も貼《は》り出してもらえませんでした。

ある時、クラスの男児が病気で入院《にゅういん》しました。その時、みんなでお見舞《みま》いの手紙を書くことになりました。

先生が「よく書けているお手紙を読んでみます。みんなも、参考にして下さい」と言って読まれたのが、私の書いた文だったのです。大好きな先生に読んでいただけたことが、書くことを好きにさせたのです。

先生はお話もとても上手《じょうず》でした。先生が「アリババと四十人の盗賊《とうぞく》」を読んで下さったのを、今でもはっきり覚《おぼ》えています。ワクワクして聞き入ったものです。絵も苦手だったのですが、不思議《ふしぎ》にその年、二回の写生《しゃせい》大会に高位入選《こういにゅうせん》しているのですから、好きな先生との学校生活は自然と頑張《がんば》ってしまうものなのでしょう。

もう一つ先生の大好きなところは、手でした。それはそれは、白くて、ふっくらポチャッとした先生の手。その先生の手を目がけてクラスの全員が手をつなぎたがるのですから、背も体重も、最低《さいてい》に近い私はいつも遠巻《とおま》き組《ぐみ》でした。

どうしたら先生のように、白くてポチャッとした手になれるかを真剣《しんけん》に考えた結果、ある答えに到達《とうたつ》しました。

先生は毎日チョークを使い、その白い粉《こな》が手を白くポチャポチャにしているという子どもの真剣な結論《けつろん》でした。私もあんなきれいな手になりたいと、そのとんでもないことをすぐに実行しましたが、結果は悲惨《ひさん》でした。

ただでさえあかぎれていた両手は、より荒《あ》れて見るも無残《むざん》に変わり果《は》てました。でもこのことは、後々先生に告白《こくはく》するまで誰《だれ》にも言えませんでした。

その憧《あこが》れの手を独《ひと》り占《じ》めにする機会が、四十五年も後に訪《おとず》れようとは想像《そうぞう》だにしませんでした。

先生との再会《さいかい》は平成七年三月一日、私の母の葬儀《そうぎ》の時でした。四十三年ぶりでした。

実家のすぐそばに先生が大きな家を新築《しんちく》されたことは存《ぞん》じておりましたが、お目にかかり、お話を交《か》わせる機会はありませんでした。

再会が母の葬儀という悲しい時でしたが、先生と少しお話しさせていただけたことにより、後日《ごじつ》お礼かたがた自分の近況《きんきょう》を述べさせていただく、粗文をしたためました。

先生からのお返事は、病院の公衆電話《こうしゅうでんわ》からでした。「今、主人は透析《とうせき》を受けている上に、心臓《しんぞう》も良くないので入退院を繰り返している」というお話でした。

実家でお目にかかった折《おり》も、先生自身、足が痛《いた》んで正座《せいざ》できないご様子でしたから、ご主人の看病《かんびょう》もさぞ大変だろうと、同情《どうじょう》の念《ねん》を禁《きん》じ得《え》ませんでした。

その後、連絡を取り合って、ヨーガのポーズをお伝えしたり、心が解放《かいほう》される真理を話させていただいたりしたところ、先生ご本人の努力の甲斐《かい》あって足の状態が非常に良くなられ、喜ばれました。

間もなくして、かかりつけの病院の紹介《しょうかい》で心臓病の名医《めいい》がおられるという北九州《きたきゅうしゅう》の病院へご主人が入院し、手術《しゅじゅつ》を受けられることになるのですが、その時も、しっかりご自分の足でサポートされるまで健脚《けんきゃく》になられたのです。

それから、二年して、ご主人の心臓の容体《ようだい》が再手術を受けなければならない状態に悪化したとかで、再び北九州に向かわれることに決まったのは、五月に入ってからでした。

「『今度は、池田さんに一緒《いっしょ》に九州に来てほしい』と主人が望んでいるので、お忙《いそが》しいでしょうけれど、できたら希望を叶《かな》えてやってほしい」との恩師《おんし》からの依頼《いらい》の電話を受けさせていただきました。

入院の都合《つごう》で週末から北九州に向かって出発されたご夫妻に少し遅れて、週明け月曜日のお昼にはどうにか新幹線《しんかんせん》に飛び乗り、九州に向かうことができました。

坂木先生は、教え子である私を、「先生」と呼ばれるのです（本当は、決してそう呼ばれたくありません）。ご主人は、妻の教え子である私に「お願いします」と頭を下げられるのです。もったいない恐縮《きょうしゅく》の思いです。

「らしさ」と素直《すなお》さを持ち続けられているご夫妻です。

九州の病院に着くと、明日手術だというご主人に、元の健康が現われるパワーを精《せい》一杯《いっぱい》当てました。特別良くないようには見えません。

先生は、待機用《たいきよう》に下宿《げしゅく》ふうの宿《やど》をとっておられたので、当夜はそこに泊《と》めてもらうことになりました。

旅館《りょかん》まで徒歩《とほ》で三十分弱です。途中《とちゅう》コンビニで、晩食《ばんしょく》を買いました。先生もお元気そうです。歩きながら昔の話になって、「先生と手をつなぎたかった」と申《もう》しましたら、先生は笑いながら手をつないで下さいました。

先生の手は、やはりポチャッとしていました。先生の温かい手を独り占めしながら、学芸会で歌った歌を、なぜか二人ともスラスラと思い出せて歌いながら旅館に着きました。

アルコールには縁《えん》のない私ですが、ほかでもない先生のお勧《すす》めで「手術大成功の前夜祭《ぜんやさい》」という名目《めいもく》で小さな缶《かん》ビールの乾杯《かんぱい》をしました。

夜の更《ふ》けるのも忘れて、先生の現役《げんえき》時代の体験や、すでにご結婚されている三人の子育て論に耳を傾《かたむ》けさせていただき、先生のお人柄《ひとがら》の良さを再確認《かくにん》いたしました。それでも翌朝《よくちょう》は四時に起床《きしょう》して、「本日の手術が必ず成功しますように」と心から祈念《きねん》いたしました。

旅館を出ると昨日手をつないで歩いた道には雨がパラついていました。

折《おり》よく通りがかったタクシーに乗って病院に着き、ご主人はと見ると悪くなさそうです。もう一度パワーを送らせていただき、ご夫妻だけのお話もあろうかと、そっと病室を抜《ぬ》けました。

手術の予定時刻の十時前、病室に戻《もど》ると、ご主人の用意はすでに整っていて、手術着に着替え、移動《いどう》ベッドに乗せられて、手術室に向かうところでした。残された先生と二人、一瞬《いっしゅん》言いようのない不安な張《は》り詰《つ》めた空気に襲《おそ》われそうになりましたが、すぐに二人で、手術の成功を祈《いの》りはじめました。

十五分も経過《けいか》したでしょうか、手術室へ行かれたはずのご主人がベッドもろとも帰還《きかん》されたのです。一瞬どう思えばよいのかと焦《あせ》りましたが、すぐに駆《か》けつけた医師の説明を聞いて驚《おどろ》きました。

「手術の前に再検査《さいけんさ》しましたが、全機能良好《ぜんきのうりょうこう》でどのバイパスも異常《いじょう》ありませんので、手術は中止になりました。このまま退院していただいて結構《けっこう》です」と。

相当な準備と覚悟《かくご》をして来られているのですから、喜ばしいことになったとはいえ、確かに、皆面食《めんく》らいました。

後日、先生から次のようなお手紙をいただきました。

気候不順《ふじゅん》の昨今《さっこん》、お変わりなく、ご多忙《たぼう》の日々と存じます。

このたびは遠路《えんろ》わざわざお出かけ下さり、本当にありがとうございました。池田先生の真心《まごころ》が神に通じたのでございましょう。手術を覚悟して病室を出た主人がまったく治療《ちりょう》の必要がないとのことで、驚きました。出発前、家でも時々ニトロを飲んでおりましたし、宿に泊まって入浴後も、朝病院へ向かう途中も、胸の不快《かい》を覚えニトロを服用《ふくよう》していました。きっと二月の時のように、風船《ふうせん》が縮《ちぢ》んでいるのではないかと思っていました。こちらの先生も、今度はステントを入れられるらしいと話されていました。

だのにまったく異常なく、ビデオを見せていただき説明を受けましたが、三本ともきれいに落ちついていて「もう大丈夫《だいじょうぶ》、よかったよかった」と喜んで下さいました。病院の先生に、そして池田先生に、ただただ感謝でございます。

ありがとうございました。

坂木しげの

天の子と天子の宮

私たち人間は、宇宙の中心者より地球《ちきゅう》に派遣《はけん》されたのです。

キリスト教の主《しゅ》の祈《いの》りの中に「天にましますわれらの父よ、願わくば御名《みな》を崇《あが》めさせ給《たま》え、御国《みくに》を来《きた》らせ給え、御心《みこころ》の天に成《な》る如《ごと》く地にも成させ給え……国と権《ちから》と栄《さかえ》とは限りなく汝《なんじ》のものなればなり」という言葉があります。先に出版いたしました著書の中にも書きました通り、私はキリスト教信者《しんじゃ》ではありませんが、ここで人間の本質《ほんしつ》をできるだけわかりやすい言葉として引用してみます。

「御国を来らせ給え」とは、すなわち天国、極楽《ごくらく》、楽園《らくえん》である神の国を、地球上にも現わして下さいという意味です。

天国、楽園というのが果《は》たしてあるかというと、人の目で見える形ではありませんが存在《そんざい》するのです。

この世を「現世《げんせ》」と言うのは、存在する世界が現われるという意味です。

そして私たちを「現身《うつしみ》」というのは、やはり元の雛型《ひながた》があって、それが形として現われたのです。

雨上がりに、七色をした美しい虹《にじ》を見ることがあります。虹は確かに目で確認《かくにん》できるのですから誰《だれ》も存在を疑《うたが》いませんが、実際に触《さわ》りたくて近づくと、その存在は不確《ふたし》かなものとなって、長さも厚《あつ》みも色さえも定《さだ》かでなくなってしまいます。

触《ふ》れられなくとも実在《じつざい》するものがあるのです。

神は素晴《すば》らしい天国、仏教で言う極楽浄土《ごくらくじょうど》を形に現わされんがために、表現せんがために、神の子として私たちをこの世に誕生《たんじょう》させられたと謳《うた》われています。

この世に生まれることを命じられたので「生命」というのです。

それで神の子が宿《やど》る神社《じんじゃ》、お宮さんが、女性には「子宮《しきゅう》」として設《もう》けられています。

植物の実が播《ま》かれる時、たとえば、ひまわりの種だったら、まず土に播き、水をやり、発芽《はつが》したら今度は肥料《ひりょう》を与え、生長《せいちょう》してきたら、倒《たお》れないように世話《せわ》をします。

やがてある時期まで生長すると蕾《つぼみ》をつけて、待《ま》ちに待った大輪《たいりん》の花が咲きます。

一般に、美しい花を誉《ほ》め称《たた》えますが、花は開き切ってしまうと、今度は色褪《いろあ》せ、しぼみ枯《か》れてしまいます。

小さくても実、種には花になるすべてが内蔵《ないぞう》されています。根も茎《くき》も枝《えだ》も葉も蕾までが用意されているのですが、あの小さな実を割《わ》って調べても、白いプチッとしたものがあるだけで、どの部分が茎になり蕾になるのか、わかりません。しかし実が、土や水などいろいろな条件《じょうけん》を必要として大きな花に変化できることは、間違《まちが》いのない事実です。

こんなわかり切ったことをなぜ、ここで述べたかと言いますと、人間は神の実、神の子種《こだね》の花だとも言えるからです。

神の子種が、天である夫を通し、神の子、天子《てんし》が育てられる大地である妻の天子の宮、すなわち「子宮」に播かれるのです。かくして神の子、天子が人間化されるのです。

その雛型を誰が創《つく》ったかというと、宇宙の中心者、すなわち神がご自分の国、天国という目には見えない霊《れい》の世界を形に表わしたいという広大《こうだい》な計画で、神の似姿《にすがた》として人間をお創りになりましたと聖書《せいしょ》にも述べられています。

「もし、己《おの》が姿を形に現わしたとしたら、こういうふうになるだろう」として、私たちの起源《きげん》となる人間、先祖《せんぞ》をお創りになりました。

ご自分の思いを表現して初めてできた人間を、頭から足先までご覧《らん》になって、「ふうーむ、たいそう良くできた。はなはだ良かりき」と完全なる神眼で、チェックされた上で満足された様子が、聖書には書かれています。

私たちの元は、神の似姿として創られているのです。私たちの先祖が神の表現体なら、私たちも幾代《いくだい》目かの神、あるいは神の子と断言《だんげん》できるのです。

一人一人が地上の幸福生活を営《いとな》むように任《まか》されたのです。一人一人が幸福なら全人類が幸福ということです。宇宙の中心者からの特派員《とくはいん》として派遣《はけん》され、天国表現準備予算として、感謝する心とプラス思考の二大予算を与えられました。二つの予算だけを見事に駆使《くし》すれば、地球上で楽園《らくえん》という形の世界を表現できるのです。

神の国は光明《こうみょう》一元《いちげん》の世界、悪のない善《ぜん》のみの世界ゆえ、神の子である私たちに、神の持たれるすべてのものを与えて下さっているのです。

今、与えられているものに感謝《かんしゃ》し、何事も明るい方に受け止められれば、そこは天国です。

不足、不満の心、マイナスの心は予算外の負債《ふさい》、赤字《あかじ》となり、その分は、自業自得《じごうじとく》として、生活の中で苦しまなければならないのです。

しかし、その苦しみさえも自《みずか》らが作った悪業《あくぎょう》と反省し、懺悔《ざんげ》し、行動を改めて、創造主《そうぞうしゅ》、光、善の方を向くと、病気、不調和、貧困《ひんこん》などのいろいろな苦しみから解放《かいほう》されるのです。宇宙創造主の愛の広さ深さ偉大《いだい》さをしみじみ感じられますね。

神に感謝しても、自分の親に感謝できぬ者は神の心に合わない、よって、その願いは叶《かな》えられないということになります。

神の表現体として、現時点《げんじてん》で一番身近に現われている人が両親だからです。

真理を説《と》かれる奈良の北尾巳代治《きたおみよじ》先生のご著書の中に、憎《にく》んでいた親を許《ゆる》し感謝する気持ちになると、死期間近《しきまぢか》な方々の病気が治った体験があります。その中の一つを書かせていただきます。

昭和十五年当時のことで、結核《けっかく》は不治《ふち》、重篤《じゅうとく》な病でしたが、親に感謝することで先生の妹さんが治られ、その後町役場《まちやくば》に勤《つと》められました。

それを見て友人の奥本さんが、腸結核《ちょうけっかく》を患《わずら》う妹の道子を治してほしいと頼《たの》まれたのです。

「初めて道子ちゃんと逢《あ》った時は、本当に人間とは思えなかったですね。十九歳だとおっしゃいましたが、血《ち》の気《け》のない骨《ほね》と皮の身体を私の方に振《ふ》り向《む》けるのもやっとのようでした」と、先生はその時の印象《いんしょう》を述べられています。

以下は先生が説かれた真理です。

「道子ちゃん、苦しいでしょうね。私の妹もあなたと同じ重い結核で、医者から、もう駄目《だめ》だと言われ、母は毎日泣いてばかりいたんです。真理を知って、お父さんお母さんに感謝するようになったら、不思議《ふしぎ》によくなって今、郡山《こおりやま》の町役場に勤めに出ているのですよ。

人間は、自分で生きているのではなくて神様に生かされているのです。その神様は、あなたが人を愛するようになったら、喜んで働いて下さるんです。憎《にく》んだり恨《うら》んだり、ケンカしたりして心が暗かったり、争《あらそ》う思いがあると、神様は助けたくても、そういうものと波長《はちょう》が合わないから、助けられないのです。

私の妹はお父さんが嫌《きら》いだったんです。それでお父さんと口をきかなかったんです。それでも真理を知って、素直《すなお》にお父さんに感謝するようになったら、病気はずんずん良くなっていったんです」

これを聞いていたお兄さんの奥本さんが、

「僕たちは父に棄《す》てられたんです。僕が七歳で道子が三歳の時、父は他の女とかけおちしたんです。それ以来父の消息《しょうそく》はわからないのです。幼い兄妹《きょうだい》を抱《かか》えて、母の苦労はどんなに大きかったことか、母の苦労を知っているだけに、父を恨むのは当たり前のことなんだ、道子は何も悪くないのに、そのためにこんな病気になるなんて……」

「確かにその通りだ。善悪《ぜんあく》はともあれ人を憎めば、自分を傷《きず》つけることになるのが法則なんだ。君の父はひどい人であったかもしれない。それでも君たちにとっては、血のつながったお父さんなんだ。おそらく永《なが》い歳月《さいげつ》の間には罪《つみ》の意識《いしき》に目覚《めざ》めて、何回かこの玄関《げんかん》に立っておられるのでしょうが、君たちの恨みの念《ねん》で敷居《しきい》が高くて入れなかったのでしょう。道子ちゃん、お父さんを恨んでいることはつらいでしょう。許してあげなさいよ。それによってきっと楽になりますよ」

道子ちゃんの目から涙がポロポロとこぼれ落ちました。それから五日ほどして、奥本さんから「素晴《すば》らしい奇跡《きせき》が起こったんだ。やっぱり神様はいらっしゃるんだな！」と悦《よろこ》びにふるえた声で報告があり、お家《うち》に寄せていただくと、玄関の所で水仕事をしている娘さんがあるのです。

娘さんは先生の顔を見ると、サッと立ち上がって頭を下げました。よく見ると、それが、先日の姿とはうって変わって、髪《かみ》も着物も美しい道子ちゃんだったのです。

びっくりしていると道子ちゃんはニッコリして、

「私自身ビックリしているんです。あの日から何でも食べられるのです。お腹《なか》も痛《いた》まないし、とても美味《おい》しいんです。それから父が十六年ぶりで帰ってきたんです。やはり声はかけられなかったけれど、三度も四度も玄関まで帰ってきてたんですって」

思念《しねん》はどこにいてもすべて通じるのです。ラジオ、テレビの電波《でんぱ》のようにです。

神の波長に合う心は善、プラスの心です。

養父母《ようふぼ》が死去《しきょ》し、天涯孤独《てんがいこどく》になったと思い、せめて自分のルーツを知りたいと念《ねん》じていたら、突然《とつぜん》身内《みうち》が訪《たず》ねてこられた笹木さんというメンバーもいます。

自分の心にも大自然にも、嘘《うそ》とごまかしはきかないのです。私の体験の中にも、妻が夫に、夫が妻に、子が両親に、家族がご先祖《せんぞ》（神）に感謝して、癌《がん》などの難病《なんびょう》が癒《いや》された例が、たくさんあります。

感謝はすべてを癒すという真理があります。心が喜びに満たされ、ありがたいという穏《おだ》やかな心が、自然の回復する波長と合うのです。

心は不思議《ふしぎ》な力を持っています。

梅干《うめぼ》しの味を知らない乳児《にゅうじ》に梅干しを見せても、何の反応《はんのう》も示しません。

梅干しは酸《す》っぱいと体験している人は、実物を見なくても、「うめぼし」と言ったり聞いたり、梅干しの絵を見ただけでも、すぐに口の奥にじわっと唾《つば》が出てきます。

失敗《しっぱい》したこと、苦手《にがて》な相手、大きな災害《さいがい》は必要な時以外は心に思い浮かべないことも、自分の健康と運命に良い方法です。いやなこと、暗いことは必ず良くない方向に心と身体が反応し、蓄積《ちくせき》されていきます。

美味しいケーキや飲み物、好きな人、明るいことは、思うだけでも健康と良運《りょううん》の要《よう》素《そ》になってくれるに相違《そうい》ありません。


自然や神を信仰《しんこう》するとはどういうことですか、と問われましたら、私は、「一人で生きているのでなく二人である。その一人は、休むことなく呼吸作用、消化活動、体温調節などをして下さっている創造主、親様である。親に喜ばれるよう、恥《は》ずかしくないように生きようと努力することです」と答えます。

[体験記] 難病が癒されて

今年は冷夏《れいか》の上、父も病《やまい》に伏《ふ》してしまったので秋の収穫《しゅうかく》はあきらめていたのですが、おかげさまで九月十九日と二十日に無事《ぶじ》終了し、米の方も昨年の豊作《ほうさく》に勝《まさ》るとも劣《おと》らない出来高《できだか》で、私はコンバインで稲《いね》を刈《か》り取《と》りながら手を合わさないではいられませんでした。

一カ月半、生死《せいし》をさまよっていた父が、農作業《のうさぎょう》など考えられないのに、田んぼに姿を見せ、米づくりの総決算《そうけっさん》でもあります稲刈りに参加し、しかも自分の手で秋の実《みの》りを刈り取ることができ、父も感無量《かんむりょう》であったに違いありません。あの時真理を教えて下さった隣《となり》の長谷川さんを信じて、池田先生に助けていただけて本当によかったと思いました。

苦しい時の神だのみに終わらせることなく、さらに一層《いっそう》努力していきたいと思っています。乱筆《らんぴつ》にて。

九月吉日

白根妙子

旅立ちの予感

人は他界《たかい》する前に、霊的《れいてき》にそれを予知《よち》表現しています。母が私に対して挨拶《あいさつ》したことにもそれを感じましたが、KACスクール、十三周年記念に講演して下さった北尾《きたお》巳代治《みよじ》先生の原稿《げんこう》を読ませていただいてもそう思います。

先生は平成十一年九月十九日、八十七歳で昇天《しょうてん》されたのですが、九月一日付けで「浄土《じょうど》に遊ぶ」というテーマで以下の文章を書かれ、それが奇《く》しくもご遺稿《いこう》となったのです。

人生は
浄土に渡《わた》る旅なれば
一歩一歩に愛を重《かさ》ねん

本当にその通りだと思います。日常《にちじょう》のささいなことにも愛を重ねてゆくところに浄土はあるのですね。しかし日常に愛を重ねることは、容易《ようい》なことではありません。お経《きょう》に「菩薩《ぼさつ》心浄《きよ》ければその土浄し」とあります。私たちの心が浄まることが、浄土に生まれる道なのです。

雨あられ
雪や氷と変われども
とければ同じ谷川の水

現象的《げんしょうてき》にいろいろな姿形《すがたかたち》を現わしていようとも、皆《みな》、浄土に至《いた》るのです。そんなことを考えていて、私も一首《いっしゅ》、歌を書きました。

人生は
浄土に遊ぶ願いなれば
日毎《ひごと》日毎に愛を行《ぎょう》ぜん

「遊ぶ」という言葉は妙《みょう》に感ずるかもしれませんが、お経に「観世音菩薩《かんぜおんぼさつ》は如何かこの娑婆世界に遊で給う」とありますから、私たちもまた、現象界《げんしょうかい》に遊びに来たのですね。

遊んで大いに楽しんで、忘我利他《ぼうがりた》のために生きるのが、使命《しめい》じゃないでしょうか。論語《ろんご》で「知るは好《この》むに如《し》かず、好むは楽しむに如かず」という言葉があります。人生も楽しむようにならねば本物でないですね。

マスコミは不況《ふきょう》不況と騒《さわ》ぎ立て、社会が悪い政治が悪いと少しも反省の声が聞かれませんが、皆自分たち一人一人の責任《せきにん》なのです。わずか、三、四十年 遡《さかのぼ》ってごらんなさい。敗戦下《はいせんか》の日本は、もっと辛《つら》かったですよ。それでも、日本再建《さいけん》という願いをもって働いてきたのです。ところが、国民生活が豊かになると、私たちの多くは祖《そ》国《こく》に対する愛国心《あいこくしん》を喪失《そうしつ》してしまいました。

そして北尾先生は、「愚痴《ぐち》をこぼす前に、感謝の言葉をうんと出しましょうよ」(平成十一年の遺稿)と、真理の中でも、基本となる言葉を補足《ほそく》し結んでおられます。

現象界で形となって起こることが、心の世界で先に起こっていて、それを感じられるのですね。

平成十一年十一月の中旬、メンバーの方から「小二の女児が、夜中に、『こわいこわい』と言って額《ひたい》に青筋《あおすじ》を立てて起き上がってしまうのです」と電話がありました。その後二週間ほど経過《けいか》して、「あの子が、自動車の前に飛び出して、今、病院に担《かつ》ぎ込《こ》まれたのですが、不思議《ふしぎ》に骨折《こっせつ》もなく、顔にカスリ傷《きず》を負《お》ったくらいですみました」と報告がありました。

事故《じこ》を予告《よこく》するような電話が入ってから、ひたすら彼女の無事を願っていたのが、天に通じたと思い、非常にうれしかったです。

彼女はショックを受けた様子でしたが、あの事故で、入院《にゅういん》、手術《しゅじゅつ》がないなんて考えられないという大方《おおかた》の思いをよそに、直後《ちょくご》から元気に登校できたのでした。

これとは別に、その人の身近《みぢか》な方で、亡《な》くなっておられる人の名前を口にするようになると、間もなくこの世を旅立《たびだ》たれるのは、その人の魂《たましい》がこの世を去《さ》る少し前にあの世を訪《おとず》れているのです。

この世で起こることは、少し前に心の世界で起こっているのです。

宇宙の心に合うよう感謝しながら生活しているとそれが感じられて、予知できるようになっているのです。

平成十二年二月十二日に七十七歳で亡くなった、日本では「スヌーピー」と言った方が馴染《なじ》みが深いかもしれませんが、マンガ「ピーナッツ」の作者、チャールズ・シュルツさんの最期《さいご》の様子が新聞に載《の》っていました。

「それはまるで計《はか》ったかのようだった。五十年間にわたって描《えが》き続けてきた代表作『ピーナッツ』の最終回《さいしゅうかい》が、世界各紙の日曜版に掲載《けいさい》される日のことだった。

スヌーピーをタイプライターの前に座《すわ》らせ、別れのあいさつをしたためた最後の『ピーナッツ』。記者は新聞でそれを読んだ直後に、本人の死を伝えるテレビニュースに接し、耳を疑《うたが》い、愕然《がくぜん》とした」と。

姑《しゅうとめ》が亡くなる前も、戦死《せんし》した兄弟の名前を言い、「迎《むか》えに来てくれたから、一緒に行く」とうつつに言いました。亡くなった親しい人の名を口にしたら、様子を見守《みまも》って下さい。

善を表わせば神が現わる

柵《さく》につながれている大きな牛のまわりを、小さなハエが一匹《いっぴき》飛び回り、牛はそれが気になって払《はら》いのけようとしっぽをふりまわします。ハエは執拗《しつよう》になかなかそこを離《はな》れません。ハエと比較《ひかく》にならないほどの巨大な牛であっても、一つのことに心がひっかかるとイライラしたり憂鬱《ゆううつ》な気分になって心の安定が失われて倒《たお》れたりします。

それと同じで、ふと、以前にあったいやな出来事を思い出し、それに心が捕《と》らえられ自分自身のコントロールを失ってしまうこともあります。過去はすでに遠い昔であって、現実の今は何もないというのにです。

それが、車の運転中だとすれば、集中力を欠いて、大きな事故《じこ》になったり、また何かの試験中であったとすれば、覚《おぼ》えたはずの正しい答えが思い出せずに不合格という悲惨《ひさん》な結末《けつまつ》を迎《むか》えるハメになったりすることもあります。

またこれとは逆に、昔の楽しかったことや心うきうきしたことを思い起こすと、今度は、たちまち幸せな気持ちになれます。

「叶《かな》う」という文字は、口でプラス思考《しこう》を言い続ける意が含《ふく》まれていると言われるのがよくわかると思います。

その反対に自分の夢や希望《きぼう》が叶わない人は、いつも言葉の最後がマイナス思考の人であって、成就《じょうじゅ》する世界から吐《は》き出されてしまうと言います。「叶う」と「吐く」は、一画違《いっかくちが》いです。たった横棒《よこぼう》一本でこんなに極端《きょくたん》に意味が変わる文字があるのです。

終始一貫《しゅうしいっかん》してプラスの心を持ち続け、言葉にして口に出し続けましょう。いくら平穏無事《へいおんぶじ》を願っていても、一時的に不幸な出来事に襲《おそ》われたり、病気や怪我《けが》、肉親の死に出合うこともありますが、真理に合わせて間違《まちが》っていたところを軌道修正《きどうしゅうせい》し、正しく力強く生活していくと、何事もなく通過《つうか》していたら気づかなかったような今後に役立つことをたくさん学びます。天秤《てんびん》に善悪《ぜんあく》の両方を載《の》せ、善の思いを近寄《ちかよ》せると、他方の悪は自分の方から遠のいていってしまいます。いつも身近にプラス思考を引き寄せていて下さい。

自分たちは自然の分身《ぶんしん》、神の子として善の世界をこの世に表現するために生まれてきたのです。人生や人は、刑務所《けいむしょ》や受刑者《じゅけいしゃ》などにたとえられるような哀《あわ》れな存在《そんざい》では決してないのです。

神も仏もない無情《むじょう》な世《よ》と思われるのは、真理を知らない人が悪のみを見ているからです。悪は、不正《ふせい》を引《ひ》き継《つ》いだものや迷《まよ》いの現われたもので、神の創《つく》ったものではありません。交通ルールを知らないで、勝手な行動をし、悲惨《ひさん》な事故を起こしている状態です。

皆《みな》がルールを知り、正しく守れば、交通楽園を実現することができます。

まず、ルールを知らないといけませんが、知っていても、その通りにしなかったら、知らないのと同じことです。

心のぶつかり合いが殺人《さつじん》に発展《はってん》し、体と体のぶつかり合い、次に戦闘機《せんとうき》、ついに最新の科学兵器《かがくへいき》の戦いにと進んでいかない保証《ほしょう》は何もないのです。

まず、理解できる人から、人間の使命《しめい》を理解し学び、それに添《そ》った生活を実践《じっせん》していきたいものです。今時《いまどき》の青少年はキレやすいと批判《ひはん》されますが、そうなったのは真理を知らなかったところに原因《げんいん》があると思われてなりません。今後、ひきこもりの青少年や、とんでもない事件を起こすような若者を出さないためにと討論会《とうろんかい》が持たれています。

そんななかで「地域《ちいき》で声かけ合って仲間に入れるように仕向《しむ》ける」とか「世話《せわ》やきおばさんになって注意する」とかが正論《せいろん》とされているみたいですが、根本的《こんぽんてき》な解決《かいけつ》にはならないと思います。

「人間なんてつまらない、人生なんて何のためにあるんだ。訳《わけ》がわからない、思うようにならない世の中で、せめて自分の気のすむようにしていよう。ひょっとすると、こんなに面白《おもしろ》くないのは、うまくいかないのは、あいつのせいかもしれない。どうせ一度は死ぬんだ。だったら手に負《お》えそうな者で憂《う》さ晴《ば》らしをしてから、この世とも、おさらばさ」なんて考えている人がいたとして、そんな時世話やきおばさんが、お説《せっ》教《きょう》じみたことを言ったとしたら、今度は良かれと思って言った世話やきおばさんに矛《ほこ》先《さき》が向けられるかもしれません。

物が豊富《ほうふ》な時に「感謝」を伝えることは難《むずか》しいですが、まず、自覚《じかく》しなければならない感謝は、自分はあらゆる動物の中でも**人間というものに生まれたこと、それも神様の子という素晴《すば》らしいものであることです。**磨《みが》けば何でも表現できるものを、内に秘《ひ》めているのです。

音楽、絵画《かいが》、小説《しょうせつ》、写真、詩歌《しいか》、歌舞伎《かぶき》、料理、書道、華道《かどう》、剣道《けんどう》、柔道《じゅうどう》、空手《からて》、

コック、ライター、スポーツマン、騎手《きしゅ》、その他。職業《しょくぎょう》、趣味《しゅみ》、生活万般《ばんぱん》にわたって、自分を表現できるのです。

心で思ったり考えたりすることは、自分自身にしかわかりませんが、身体を使うと、それがこのように文字や文章にもなるのです。

身体はこの世で、自己《じこ》表現するための道具です。心と身体の関係をしっかり理解できていないと、目に見える肉体ばかりに重点を置いてしまいます。

塩で身体を洗《あら》うと脂肪《しぼう》が落とせると聞けばそれに取り組み、ジョギングが良いと聞けば走り出す。スーパーの食品販売部《しょくひんはんばいぶ》の方が、「商品の売《う》れ筋《すじ》を見れば、今日のテレビでどの食物が身体に良いと放映《ほうえい》されたかがわかる」と言われるくらい、長寿国《ちょうじゅこく》になった国民は、身体に良いことに関心を持っています。

肉体ばかり立派《りっぱ》で果《は》たして長生きできるのでしょうか。

真新《まあたら》しい電化製品《でんかせいひん》も電気というパワーがスイッチ・オンしないと作動《さどう》しません。立派《りっぱ》な体躯《たいく》も、そこに生命力が入らないと、それは単なる死体以外の何ものでもありません。体《からだ》は、やはり「空《から》だ」で、自分自身がこの世で駆使《くし》できる道具なのです。

完璧《かんぺき》に整《ととの》っている道具を使いこなすのは簡単《かんたん》ですが、そうでない限られた部分しか使用できない道具は、相当な技術《ぎじゅつ》と忍耐《にんたい》を必要とします。障害《しょうがい》のある人は、そんな肉体を使いこなせる魂《たましい》を持ち備《そな》えられるのです。健常者《けんじょうしゃ》の想像《そうぞう》をはるかに超《こ》える努力の繰り返しで、不自由を超越《ちょうえつ》する高い精神力《せいしんりょく》が培《つちか》われるのです。障害者のいるクラスから不良が出ないというのは、その障害者の高い魂に健常者が救われているのです。

一九九九年四月十八日、九州で岡田淳先生という両腕手首《りょううでてくび》から先のない方のお話を聞く機会に恵まれました。

この先生の講話《こうわ》に先だって司会者が紹介されたのですが、

「先生とお昼ご飯《はん》を一緒にいただいたのですが、食べるのも早く、残さずきれいに食べられ、先生の手がご不自由なことなど、忘れてしまっていました」

と言われ、周囲の方々に気づかわせない努力をしておられるのだと感じました。

そしていよいよ当先生のご登壇《とうだん》です。

先生の生家《せいか》が花火を作っていて、十代の頃、触《さわ》った火薬《かやく》が爆発《ばくはつ》して両手首を失ったそうです。多感《たかん》な時期でしたから自暴自棄《じぼうじき》になって世をはかなんだそうです。

五体揃《ごたいそろ》って肉体的に何不自由なく使えていた身体が、ある日突然《とつぜん》必要なところがなくなって今まで通りの生活ができなくなった時のショックは、想像《そうぞう》に余《あま》りあります。

その後、人生の良い師《し》に巡《めぐ》り会《あ》い、前向きに生きていくと自分に適《てき》した職業に恵《めぐ》まれ、やがて、相思相愛《そうしそうあい》の仲となった素敵《すてき》な女性と結婚され、幸せな生活を続けておられる昨今《さっこん》とのこと、心から拍手《はくしゅ》を送らせていただきました。

良い教えを知り、それを実際に行ない、答えが出るまで続ける大切さ、私が声を大にして提唱《ていしょう》する真理、「知る」「する」「続ける」の三るの法則には、決して失敗という文字はないのです。

失敗と見えたり思えたりするのは、まだ最後の本格的《ほんかくてき》な良い答えが出ていない途《と》中《ちゅう》なのです。良い結果が出るまであとひと踏《ふ》ん張《ば》りです。そうすればホラ、もうあなたの辞書《じしょ》にも、どこを探しても失敗という文字は見当たりません。

岡田淳先生は、お話の結《むす》びに、

「今では、あまり不自由を感じてはおりませんが、もし失った私の両方の手が生《は》えてきたとしたら、ここからすぐに家まで踊《おど》りながら帰るでしょう」

と話されました。この言葉は、平穏無事に生活させていただいている者すべてに、当たり前を感謝し、喜びを表現し続けていくようにとお教え下さったのでした。

紀元前《きげんぜん》からの仏教、雑宝蔵経《ぞうほうぞうきょう》の中で、お金や財産がなくても善の働きがなせるとして、無財《むざい》の七施《せ》が説かれています。

一、眼施《げんせ》……まわりの人々に、優《やさ》しい思いやりある、慈《いつく》しみ深い眼《まな》ざしを向けること
二、和顔施《わがんせ》……和《なご》やかで、喜びにあふれ、希望に満《み》ちた顔で接すること
三、言辞施《げんじせ》……気持ちのよい、明るく温《あたた》かな言葉で話しかけること
四、身施《しんせ》……骨身《ほねみ》を惜《お》しまず、真心《まごころ》をこめて奉仕《ほうし》すること
五、床座施《しょうざせ》……他の人のために気持ちよく座席《ざせき》や場所を譲《ゆず》ってあげること
六、房舎施《ぼうしゃせ》……温かく自分の家に迎《むか》えたり、雨宿《あまやど》りなどの場所を提供《ていきょう》すること

この六施までは、やはり、生物、動物の中でも人間としての特徴《とくちょう》である肉体を持っていないと不可能だと思います。ゆえに、色即是空《しきそくぜくう》、肉体はあるように見えているのに、「ない」と思い込《こ》もうとする、身体を汚《けが》らわしいものとして大地に叩《たた》きつける行《ぎょう》などあります。が、現実《げんじつ》を否定《ひてい》しないで、与えられた表現の道具、手段《しゅだん》として肉体を

このように使えば、良い人間関係が育《そだ》ちますと、素直《すなお》な教えを大切にしたいです。

そして最後は、

七、心施《しんせ》……相手の気持ちを考えたり、相手の喜びを共に喜び合えるような心配りで、親身《しんみ》に接すること

なぜ心施を一番終わりに掲《かか》げたかと言いますと、六施までは、肉体の一部を使ったり、施設《しせつ》を使用したりして形として表わす動作《どうさ》です。これらは、温かい思いやりや愛がないとできないのです。「自分も大自然、神の子だったら、あの人もこの子も神の子なんだ。自分が大切ならまわりの人々、全部仲間なんだ。大切にしよう、大切にしたい」という気持ちが持てるような真理を学べば、一施から六施までは、人々の心の中から自然に湧《わ》き上《あ》がってくる動作・表現となってしまうと思います。虐待《ぎゃくたい》やいじめる気持ちなど、芽生《めば》えようがありません。そんな時が来ることを熱望《ねつぼう》して私はペンを持っています。

人間は神の花

人間は神の花であり実（身）でもあるということを、もっとわかりやすく述べてみたいと思います。

天の代《か》わりに代役《だいやく》の夫から子種《こだね》を、女性にしかないお宮（子宮《しきゅう》）で授《さず》かり、それはやがて胎芽《たいが》と言われる赤ちゃんという名の花の芽《め》に育ってまいります。花弁《かべん》のある花を七重八重《ななえやえ》と表現するように、赤ちゃんのことを地方によっては、ナナちゃんとかヤエちゃんとか言う風習《ふうしゅう》の残っている所もあります。

花は満開《まんかい》になる少し前、蕾《つぼみ》がようやく開いた頃《ころ》が一番美しいと思われているようで、人間社会でも、「娘十八、番茶《ばんちゃ》も出花《でばな》」とか、「花の二十歳《はたち》」とか言われ、人が花としてみられています。微笑《ほほえ》みの美しい人を花の笑顔《えがお》と言ったりもします。

芽から成長していく過程《かてい》はまさに花なのです。「四十歳になったら、自分の顔に責《せき》任《にん》を持て」と戒《いまし》められる言葉もあります。

これは、心にどんな種を播《ま》き続けてきたかを自覚《じかく》しなさいという意味です。

メロンの種は、瓜《うり》の種とよく似ていても、途中《とちゅう》で瓜になったりしません。メロンの種を播けばメロンで収穫《しゅうかく》することになります。大根《だいこん》の種は大根の姿《すがた》で取り入れます。神（真）の実を心に播けば神の実《じつ》の相《そう》、すなわちあの神の似姿《にすがた》である完全健康《けんこう》な相、真実相が、その人の肉体に咲《さ》き現われてくるのです。

もし不健康な肉体が現われているとすれば、心に神の実（神の子だから健康であるという自覚）が播かれていなかったか、播いたつもりでも心から信じていなかったか、人間は病気をする動物なんだという種が播かれていたので、その結果の花ということになります。

私たち人間の根《ね》っこ（種）は創造主《そうぞうしゅ》です。根元《こんげん》の神様は、いつも元の気力・生命力を送り続けて下さっています。自分で生きているという我《が》を張《は》って、恩恵《おんけい》を止めないで「ありがとうございます」と素直《すなお》に受け続ければよいのです。あらゆる生命の根源《こんげん》は神です。

植物ですと、播種《はしゅ》には土と水と温度、生育《せいいく》には肥料《ひりょう》、日射《にっしゃ》、期間《きかん》などが必要です。

人は心に不愉快《ふゆかい》を思うと、顔や肉体にすぐその表情を出します。顔に出すのは値打《ねう》ちがないからとか、相手に感づかれないようにとかで、人前《ひとまえ》では表情をこらえ、平静を装《よそお》っていても、身体は正直《しょうじき》なものですから、その不愉快さと表情を隠《かく》そうとする辛《つら》さを、ストレスとして体全体にきちんと影響《えいきょう》をおよぼしているのです。

どんなことも自分自身だけには嘘《うそ》はつけないのです。

その反対に、楽しいことやうれしいこと、自分は神の子、神の持てる善《よ》きものの継《けい》承者《しょうしゃ》であることなどを自覚《じかく》すると、その瞬間《しゅんかん》、顔には笑《え》みがこぼれます。

このように、今自分の心に何を播くかで、即《そく》自分の肉体や身辺《しんぺん》に、その種の花が咲くのです。

コンピュータを使われる人なら経験《けいけん》があると思うのですが、数多い氏名、住所、あるいは他のデータを入力して、今までの分をアイウエオ順に並《なら》べ換《か》えるようにマシンに指示《しじ》をして、キーを叩《たた》くと、あの数え切れないほどの記録《きろく》が、ものの十秒もかからず、あっという間に、並《なら》べ換《か》え完了《かんりょう》と表示されますね。

神様なら瞬時《しゅんじ》、思うとほぼ同時です。

心で考えることを、眼《め》、耳、鼻《はな》、舌《した》、総身《そうみ》五感《ごかん》に作動《さどう》表現できるのです。

心に完全健康真実相を思えば、たちまちあなたの肉体にその元気な花が咲くのです。女性が妊娠《にんしん》を想像《そうぞう》すると、身体に創造（想像）妊娠するようにです。健康はすべての人が望《のぞ》んでいます。しかし、表面上それを希望《きぼう》しながら、実は今のままでよいと思っている人も中にはいるのです。

第4章の「苦痛《くつう》からの脱却《だっきゃく》」のところでも書きましたが、事実です。働くのが嫌《きら》いな人、今自分の置かれている立場が病気などしている方が都合《つごう》がよい人、たとえば無理《むり》に誘《さそ》われたり、会いたくないのに約束通り訪《たず》ねてこられる場合も病気は治《なお》りません。潜在意識《せんざいいしき》が、問題回避《もんだいかいひ》を希望しているからです。登校拒否《とうこうきょひ》の原因《げんいん》の一つに、体育嫌い、勉強嫌い、集会やイベント嫌いが高《こう》じて頭痛《ずつう》、腰痛《ようつう》が実際に生《しょう》じる場合があります。

その最《さい》たるものが、政治家や灰色高官《はいいろこうかん》の入院のいくつかです。真実を話したくない証人喚問《しょうにんかんもん》などでは、急病《きゅうびょう》として緊急《きんきゅう》入院が報《ほう》じられます。

「自分は自然、神の子だ、ぐじぐじ湿《しめ》った気持ちでいては、傷口《きずぐち》や病気は癒《い》えないのだ、明るいカラッとした気持ちでいるのが一番」と真理に適《かな》った思いで生活していくと早く治ります。根本的《こんぽんてき》に解決《かいけつ》するには、他のものに原因や責任《せきにん》があると思わないで、現状《げんじょう》をしっかり受け止め、素直に対処《たいしょ》しようとする姿勢《しせい》が大切です。

病気というと病《やまい》は気《き》からと言われがちですが、気からでないのもあります。食べ過ぎ、食《く》い合わせ、食中毒《しょくちゅうどく》、有毒《ゆうどく》ガス吸入《きゅうにゅう》、酸欠《さんけつ》や怪我《けが》など、気持ちの乱《みだ》れが大きな原因でないものもあります。

身体の故障《こしょう》と言われるのは、身体がこの世を生きていくための道具であるという意味をよく表わしています。

心的《しんてき》原因のある病気や怪我、また故障と思われる病気や怪我は、対処の仕方によって意外に早く良くなることもあまり知られていないようです。

次に体験記をご紹介《しょうかい》します。

[体験記] アレルギー・喘息の発作の完治

主人が喘息《ぜんそく》の発作《ほっさ》と肺炎《はいえん》を併発《へいはつ》し入院いたしました。病状《びょうじょう》は思わしくなく、医師《いし》からは一番身近《みぢか》な人が看病《かんびょう》にあたるようにとの指示がありました。そんな折《おり》、友達から池田先生のことを教えてもらい、藁《わら》をもつかむ気持ちで先生に相談《そうだん》いたしました。「病（闇《やみ》）に光（真理）を当てると明るくなり病気は治ります。大丈夫です」と教えられ、私の心がパァーッと明るくなりました。

いろいろご指示をいただき、一時は死《し》の淵《ふち》に立たされた夫でしたが、間もなく退院し、七年間の寿命《じゅみょう》をいただきました。病院でのこと、退院《たいいん》後、他界《たかい》後、普通《ふつう》では考えられないような不思議《ふしぎ》なことがいっぱいありました。池田先生のお教えとお祈《いの》りの賜物《たまもの》と感謝いたしております。

次に孫娘《まごむすめ》の美保のことを少し書かせていただきます。

小さい時からアトピーがひどく、小学校三年生の頃《ころ》よりアレルギーが喘息の発作に変わりました。発作が出ると約一週間続きます。

薬は副作用《ふくさよう》が強く、辛《つら》い日々でした。悩《なや》んでいた時、池田先生と娘一家が同じ吉《よし》身《み》（守山市）ということに気づき、早速《さっそく》お世話《せわ》になることにしました。ご多忙《たぼう》な先生が幾度《いくど》となく娘宅まで足を運んで下さり、パワーの入ったお水、真理のテープをお持ち下さったのです。

娘の話によりますと、真冬《まふゆ》の凍《い》てつくような朝四時頃には届けて下さっていたらしいのです。お礼を申し上げたくて早朝《そうちょう》よりお待ちしていても一向《いっこう》に気配《けはい》もなく、玄関《げんかん》に出ますとすでに置かれているではありませんか。

間もなく喘息の発作もなくなりました。前頭部《ぜんとうぶ》の髪《かみ》の少なかったところも、いつの間にかきれいに生《は》えそろいました。

娘婿《むすめむこ》（医学《いがく》方面の仕事）が「池田先生て不思議な方やなあ、まるで生き神様のような先生だなあ。日夜《にちや》研究を重ねて開発された薬でもなかなか治らない喘息が、一カ月余《あま》りで全治《ぜんち》するなんて」と感嘆《かんたん》していました。

高校も無事《ぶじ》卒業し、先生のヨーガにも時々参加するようになりました。

精神統一《せいしんとういつ》の時先生からオーラが出て観音様《かんのんさま》のように見えたと、家に帰るや否《いな》や、母親に矢継《やつ》ぎ早《ばや》に告《つ》げて、日を待たずして、気になっていたグリグリ、耳の後ろのリンパ腫《しゅ》が消えてしまっていました。

今年三月、ガードレールまで壊《こわ》してしまい車は大破《たいは》する事故《じこ》に遭《あ》いましたが、双方《そうほう》とも不思議に大した怪我もなく、美保は一週間ほどの打《う》ち身《み》でした。ところがその打ち身が一向《いっこう》に治らないのでレントゲン検査《けんさ》され、脱臼《だっきゅう》しているので手術《しゅじゅつ》と言われてしまいました。

また先生の所に、二、三回通わせていただきました。痛《いた》みが嘘《うそ》のように消えました。

再度、レントゲン検査を受けましたところ、「もう、手術の必要なし」との答えをもらいました。その夜、先生の方から、「今日のレントゲン検査の結果は、いかがでしたか」とのお電話があり、あの多忙な先生が検査の日まで覚《おぼ》えて下さっていたことにびっくりしました。美保は、私の神様は池田先生と申しております。本当にいつも皆がお世話になりありがとうございます。心から感謝しています。

師《し》の言葉のやさしさ胸に温めて
人に接する心持ちたし
飯塚圭子

生かし合って生きる

もう一度、真理を実践《じっせん》する目的、無駄《むだ》がなく良い結果が出る生活をする目的は何であるかを述べさせていただきます。

若い相思相愛《そうしそうあい》の男女が、目的を持たずにただ相手が好きだから、一緒にいたいから、相手が私を楽しませてくれるだろうからなどの簡単《かんたん》な目的で結婚《けっこん》した場合、相手に対する気持ちが変わったり、大事《だいじ》にしてくれると言っていたのに、釣《つ》った魚ふうに、ぞんざいに扱《あつか》われたりしたら、たちまちその新婚《しんこん》生活は崩壊《ほうかい》です。

「結婚したら親を大事にしよう。子どもは二人か三人授《さず》かりたいね。その子の個性を伸《の》ばすようにして、挨拶《あいさつ》だけはしっかりできる子に育てよう。

われわれも一年に一回くらいは旅行に出かけ、五年に一回くらいは海外にも行こう。

地域の人、お隣《となり》の方々とも向こうもこちらも迷惑《めいわく》がかからない程度《ていど》親しくさせていただこう。うまくいかない時はよく話し合い、できるだけ目標《もくひょう》に近づける努力をしていこう」など、一家の中心となる夫婦がしっかりとその家に合った構図《こうず》を持った生活が、各家庭でできたら、その地域、その国、また地球全体が調和《ちょうわ》し繁栄《はんえい》し続けるに相違《そうい》ありません。

そうです。家庭生活は、その家人《かじん》の心の現われなのです。大きくは国の憲法《けんぽう》、地方には条例《じょうれい》、規則《きそく》があるように、各家庭には、皆《みな》が居心地《いごこち》よく、豊かに生活するための家風《かふう》があってよいのです。

個人個人の指紋《しもん》が異《こと》なるように、各戸《かっこ》の良い特色を守り生活し続けるうちに、

「あのお家《うち》の方々はみんな、何となく温《あたた》かい優《やさ》しい雰囲気《ふんいき》を持っているね」

「あのご家族は、皆、何か楽器を演奏《えんそう》されるのよ。絵の上手な人もいるわ」

「あのバンガロー風のお家の人は、アウトドアスポーツが好きで、オリンピックの競《きょう》技《ぎ》に出られる人もいるとか」

地球上のどの人々も、それぞれ異なった形で人生を楽しんでいる姿を、宇宙の中心者がご覧《らん》になったら、どんなにお喜びになるでしょうか。

家を楽しく繁栄させたいと希望し、それが叶《かな》った時のその家の主人の喜びと満足、それを拡大《かくだい》したのが、宇宙中心者の目的なのです。

宇宙中心者（神）は満《み》ち足りた充実《じゅうじつ》した生活をそのまま形に表わしたいとの意図を持ち、それを実現させるために、この世でいろいろな働きで形に表わせる道具のような肉体を人間に持たせて、親の命を子に託《たく》すように私たちに生まれることを命じられたのです。

神が希望《きぼう》されたような形になれない時、たとえば病気や怪我《けが》、その他の行き詰《づ》まりが、私たちの造《つく》り主《ぬし》である神に祈《いの》ると、いくつか掲載《けいさい》させていただきました体験実話のように、希望する生活に近づける形で解決《かいけつ》されます。目には見えませんが、神の力を与えていただけるのです（この本は、ＫＡＣスクールのメンバー、また知人・友人・体験者にも読まれますから、いただいた体験文やお手紙をそのまま転記いたしました）。

親がわが子の幸せを願うように、神は自らの生命を与えられた人間の不幸な姿《すがた》をご覧《らん》になりたくはないのです。わが子が分身《ぶんしん》であるように、自然の分身が自分です。自分は、自然・神の命が分け与えられているのです。

真理を理解し、明るく進めば、それは神の道であるから、失敗もなく、目的が達せられるのです。

最低の努力で間違《まちが》いなく目標に近づくには、真理を実践するのがベストです。「人ノ十二《プラス》」と書けば人生という文字になるように、人生の目的は「人ノ十二《プラス》」になるように生きる。人とは、自らにとっても人にとってもプラスになる、すなわちお互いに生かし合って楽しく生きるということです。

[体験記] 消えた脱臼

一九九八年の十一月に実家の姉より電話があり、左足小指骨折《こゆびこっせつ》、右大腿部脱臼《だいたいぶだっきゅう》とのこと。「まず骨折の方を治《なお》し、脱臼の手術《しゅじゅつ》は大変なので来年正月が明けてからにしましょう」とお医者様に言われたとのこと。

姉は七年ほど前、ほかの病気で大きな手術をしております。姉はこの時私たちに心配をかけたくないとの思いが強かったので、気持ちの整理がつかないままあっという間の出来事《できごと》のごとく手術を受けてしまい、このことに関して本人は少々後悔《こうかい》している様子でした。

前回の姉の手術の時は、まだ池田先生とのお出会いはなく、もう少し早く先生とお会いさせていただいていればと、姉とは違った後悔をしておりました。

今度は何かあれば先生に相談してと思っておりましたので、早速《さっそく》電話させていただきましたところ、快《こころよ》くパワーを送っていただくことになり、またご丁寧《ていねい》に「今から送らせていただきます」と池田先生の方からお電話をいただき、広島《ひろしま》の姉も恐縮《きょうしゅく》しておりました。ありがとうございます。

たった一回、滋賀県《しがけん》から遠い広島まで再診《さいしん》の前日に受けたパワーが見事《みごと》に効《き》いたのです。

「前回よりいろいろ角度を変えての丁寧なレントゲン撮影《さつえい》だった」とのこと。すると脱臼などしていなくて少々炎症《えんしょう》を起こしている程度《ていど》で、心配していた以前の大腿部近くの病気の再発《さいはつ》もなく、気休め程度のお薬をいただくだけですみました。本当に、どうもありがとうございました。

藤多華子

［体験記］悪性の腫瘍が消える

平成六年十一月、主人を病院に連れていきました時には、頭の腫瘍《しゅよう》は四センチメートルにもなり、その他にも数多く散らばっており脊髄《せきずい》にまで入り込《こ》んでおりました。「このままではあと一カ月、手術をしても一年以内に再発し、その後永《なが》くても一年までの命ですよ」と言われました。

腫瘍が良いものであれば、百人に二、三人は治療《ちりょう》をして良くなる例はあるそうですが、主人のは非常に悪いもので、これが消えるということは奇跡《きせき》に等《ひと》しいとのことでした。

が、先生のパワーを受けてより、腫瘍は小さくなり、最後には消えてしまったのです。奇跡を見せて下さったのです。ありがたいことです。

ご近所の方で顔は前々から知っていたものの、話らしい話は一度もしたことがなかったのですが、何気《なにげ》なく一言二言《ひとことふたこと》話しているうちに、「守山《もりやま》に素晴《すば》らしい先生がおりますので、一度話を聞いてもらったらどうですか」と勧《すす》めて下さいました。何の疑《うたが》いもなく、先生の名前も何をしている先生かもわからないままに、行く約束をしました。

平成七年八月十九日、池田先生にお会いすることができました。あの時の私の心はまっ暗でした。先生が私に「何を聞きたいのですか」と言われました時に、私自身何を聞いてよいのかわかりませんでした。

それから三日後の八月二十二日、MRの検査をしました。主人の頭の中には手術の跡《あと》はあっても腫瘍は映《うつ》っていませんでした。これにはお医者さんもびっくりしたようでした。

「この次は六カ月後にMRをとりましょう」と言ってくれました。

医者から「だんだん、悪くなっていく」と言われていた足も楽になり、気も穏《おだ》やかになってまいりました。これもすべて池田先生のおかげと感謝《かんしゃ》いたしております。

主人も早く、このことに気づき、心にかかっている暗い雲をとり、神の光をいただいてもらいたいと思っています。先生には今生界《こんじょうかい》でご恩返《おんがえ》しができるかどうかわかりませんけれども、どうぞ無知《むち》な私どもを道にはずれぬようお導《みちび》き下さいますようよろしくお願いいたします。

このような下手な文字でお手紙を差し出しますこと、お許《ゆる》し下さい。本当にありがとうございました。Yさんのように皆様方の前で、自分の体験が話せるような時期が来るとうれしいのですが……。ありがとうございました。

九月一日

丸山輝子

この手紙をいただいた二カ月後の勉強会で彼女は、「おかげさまですべての願い事を叶《かな》えていただきありがとうございました」と、堂々《どうどう》と完治《かんち》した体験を話してくれました。

[体験記] とにかく助けて

平成七年に主人と結婚して、一番の夢だった「奥さん」と呼《よ》んでもらえるようになり、指輪《ゆびわ》を見て「ニコーッ」として、毎日を送っていました。

毎週火曜日には、池田先生のところに寄せていただき、午前中は英研クラブ、料理、午後はヨーガをさせていただいて、二つ目の夢だった「お母さん」になることを望《のぞ》んでおりました。

主人も子どもが大好きで二人とも若くはなかったので、すぐにでも欲《ほ》しいと思っていましたが、ちょうどいい時に授《さず》けて下さると信じ、新婚生活を楽しんでいました。結婚三カ月目に願いが叶《かな》いました。赤ちゃんが宿《やど》ってくれたのです。

自分がお母さんになるという現実が信じられない気持ちで、それでもうれしさを噛《か》みしめながら、あこがれのマタニティを着ていました。池田先生が「普段と同じ生活をしていたらいいですよ」とおっしゃって下さったので重い荷物も持っていたし、布団《ふとん》も二階まで干《ほ》しに行っていたし、高いところの物も取っていたし、車も出産前日まで運転していたし、本当にお医者さんに言ったら「ダメです」と言われることばかりしていました。

お医者さんはダメでも、池田先生がいいと言って下さっているんだから、絶対、大丈夫《だいじょうぶ》という気持ちでいました。

何の不安もなく安心して十カ月を過ごせました。無事《ぶじ》に長男が誕生《たんじょう》し、授けていただけるなら、なるべく早く、もう一人……と思っていましたら、長男が七カ月の時に二人目を妊娠《にんしん》、年子《としご》で出産することになりました。

上の子にまだまだ手がかかる時期《じき》で、妊娠中は大変でしたが、去年のちょうど今日と同じ、真話会（真理の勉強会）の日に、長女を出産させていただきました。一人目が男の子だったので、できれば女の子を……と願っていましたので、本当にうれしく、改めて「ありがとうございます」と、言っていました。

二人の子育てで、バタバタと忙《いそが》しくなり、私もついイライラすることが多くなった今年の四月二十五日のことです。

夕方の五時過ぎ、いつものように、長女を部屋の中央に、まわりに座布団《ざぶとん》を敷《し》き詰《つ》めて座《すわ》らせ、私は隣《となり》の部屋で用事をしていましたら、突然《とつぜん》「ドスン」という音がしたので、ハッとして長女を見たら、そのまま真後ろに倒《たお》れて、泣き声も出さずにいるのです。

ビックリして見に行くと、目をむいて、呼吸《こきゅう》がおかしいのです。私は「ひきつけ」が、どういう状態になるのかも知らなかったのですが、とっさに、これはただのひきつけではない、このままだと死んでしまうと思い、抱《だ》っこして必死《ひっし》に右手で娘の頭や体をさすりました。でも一向《いっこう》に良くなる様子はなく、顔は白くなってくるし、唇《くちびる》は紫《むらさき》色になってくるしと、ますますひどくなってくるのです。池田先生に助けてもらおうと思い電話番号を押《お》そうとするのですが、手足が震《ふる》えて、なかなかかけられないのです。

どうやってかけたのかわからないのですが、いつも忙しく飛び回っておられる先生が、いて下さったのです。

「とにかく、助けて下さい」と伝え、先生がパワーを送って下さいました。

それから何分ぐらい経《た》ったでしょうか、目をむいていたのが元《もと》に戻《もど》り、呼吸も整い、顔、唇が赤味を帯《お》びてきたのです。

「あー助かった」。もう、うれしくて、うれしくて急いで先生に電話をしました。

先生は、「頭を打っているので、頭部を冷《ひ》やし、ミルクを飲んだ後も気をつけて様子を見ていて下さい」とアドバイス下さいました。

触《さわ》ってみると、頭が熱《あつ》く、顔も赤く熱《ねつ》っぽかったのですが、ベッドの上で機嫌《きげん》よくしていてくれます。九時になったので、先生のパワーを受けさせていただきました。※ところが上の子のミルクを作って戻《もど》ってきたら、ベッドの上で、また目をむいているのです。ほっとしたのも束《つか》の間《ま》、またすぐに先生に電話を入れ、お祈《いの》りしていただきました。

何分か後には、治《おさ》まってきて助けていただけたのです。でも、目の焦点《しょうてん》が定まってなく、首をあちこちに回しているのです。

そのことを、池田先生に話していると、先生は息子さんの聖君が、ブロック塀《べい》に頭をぶつけた時のことなど、お話しして下さいました。

そうこうしている間に、娘が、すっかり普通《ふつう》の状態にならせていただいていたのです。

先生は「頭の中のことがよくわからないから、かかりつけの小児科《しょうにか》があれば、一応、レントゲンを撮《と》ってもらいに行った方がいいですよ」とおっしゃったので、すぐに近くの小児科に電話を入れたのですが、夜の十時になっていたので、誰《だれ》もおられません。娘はというと、何事《なにごと》もなかったように、ミルクを飲んで寝《ね》ています。

主人もまだ帰っていませんし、上の子も寝てしまったし、もういいかと思い、結《けっ》局《きょく》、病院には連れていかずに、今日まで過ごしています。

それでも、何も変わった様子もなく、よく食べ、よく遊び、よく寝て、健康《けんこう》そのもので、おかげさまで今日、元気に初めての誕生日《たんじょうび》を迎《むか》えさせていただきます。

結婚前から、池田先生のところに通わせていただき、真理のお話や、いろいろな体験を聞かせていただいて、頭ではいろいろわかっているつもりでも、自分の感《かん》情《じょう》が先にたち、良いと思われることも、なかなかできない私です。

ずぼらな性格《せいかく》は今も変わらずで、こんな私をよく助けて下さったなと感謝の気持ちでいっぱいです。

このこと以外にも、主人の咳《せき》が長期間止まらなかったのを、ほんの数分で治していただいたり、息子の右肩《かた》がずれて、手が動かせなかったのを治していただいたりと、書ききれないほど池田先生には、お世話《せわ》になっております。

私は小さい時から病院が大嫌《きら》いで、できることなら病院に行かずに治したいと思っていますので、池田先生は、そんな私にピッタリの方だったのです。

先生から教えていただく真理のお話は、結婚してからの生活、特に子どもが生まれてからは、どんなに心強い味方《みかた》になってくれているかわかりません。

お医者さんや真理を知らない方々から、不安になるような言葉をかけられても、右から左へ流せるようになりました。

おおらかに物事《ものごと》をとらえられるようになった気がします。

先生には、何のご恩返《おんがえ》しもできていないのですが、できる限《かぎ》り、先生の行事には出席させていただき、少しでもお手伝いさせていただきたい、それが先生へのお礼だと思い、皆様にはうるさくてご迷惑《めいわく》をかけているのですが、子ども連れで来させていただいております。

今日こうやって家族四人が元気に出席させていただけたのも池田先生のおかげです。

この場をお借《か》りしてお礼申し上げます。本当にありがとうございました。そして、これからも、よろしくお願いいたします。

平成十年八月九日

安田睦子

※メンバーは九時からと九時半からそれぞれ十分間ずつ精神統一《せいしんとういつ》とパワーを受ける時間。二回に分けたのは、一回は必ず実行できるようにとの配慮《はいりょ》です。一日一回、反省と感謝。心の洗濯《せんたく》は必要です。

[体験記] 治らない方が不思議

ありがとうございます。

いつも先生には大変お世話さまになりまして、ありがとうございます。困《こま》った時だけ「先生！　助けて下さい」とお電話させていただく、いい加減《かげん》なKACのメンバーです。

申しわけございませんです。それでも先生は、いつも快《こころよ》く優《やさ》しい言葉で良いご返事を返してくださり、本当に感謝いたしております。先生の「真幸《しんこう》の歌《ことば》」の中で、新築《しんちく》の家を希望して「ちょうどよい時に、ちょうどよい家にご縁《えん》を与えていただきましてありがとうございます」と、お願いしていたら、共働《ともばたら》きの夫婦ですがお互《たが》いに都合《つごう》のよい時期に、建築《けんちく》資金《しきん》積立《つみたて》が満期《まんき》になり、最新設計《せっけい》のモデルプランで何もかも思い通りの新しい家を建てられる夢が叶《かな》いました。ありがとうございます。

引《ひ》っ越《こ》しも夫婦お互いにこの日しかありませんでしたので、仏滅《ぶつめつ》でしたが九月二十四日にと決め、先生に「家移《やうつ》りします。よろしくお願いいたします」とお願いさせていただきました。

ところがその日は、大きな台風《たいふう》が近畿《きんき》を直撃《ちょくげき》する予報《よほう》が警報《けいほう》になり、ラジオ、テレビも小中学校をはじめ関係方面の全面休校を報《ほう》じておりました。

家移りを決めた日に、よりによって台風が襲来《しゅうらい》するとはと思うと涙《なみだ》が出てきました。

その時、ふと三年前の息子の結婚式のことを思い出しました。

あの平成八年九月二十二日も、近畿直撃は必至《ひっし》と報じられたにもかかわらず、関東の方に抜《ぬ》け、こちらは雨ひとつ降らず、涼《すず》しく最良《さいりょう》の日にしていただけたのでした。その時も結婚式の日取《ひど》りを決めてから「先生！　息子の結婚式をどうぞお天気にしてやって下さい」とお願いしたのでした。先生が野外で集会を企画された日はたいてい晴れで、雨で中止になったことは一度もないだけに、宇宙も先生の不幸予防運動の真理の普及《ふきゅう》を応援《おうえん》してくれていると信じられ、私もそれにあやかりたいと勝手《かって》なお願いをしたのです。

涙ぐみながらも荷物の整理をしていると、果《は》たして引っ越しの車が来たのです。「荷物はどれくらいありますか」と聞かれ、荷見せをした直後くらいから、パラついていた雨がやんだのです。台風が直前でそれたのです。

平成十一年の夏はとても暑かったものですから、引っ越し屋さんが、「空が曇《くも》っていて風もあり、涼しくて引っ越しにもってこいの日です」と喜んで下さって、無事《ぶじ》に引っ越しをすませることができました。

引っ越し直後も、主人は仕事が忙しく、四国に出張《しゅっちょう》があったり、帰宅《きたく》が遅《おそ》く夕食が十一時という日が続きました。

引っ越しから、ちょうど一週間後の九月三十日も、夕食のすんだ十一時半頃から腹痛《ふくつう》を訴《うった》え薬を飲んで休みました。

夜中、一時三十分頃《ころ》我慢《がまん》できない辛《つら》さのため、公立の救急《きゅうきゅう》に行きました。

一時間くらい待ってやっと、内診《ないしん》、血液、尿《にょう》などの検査《けんさ》や、レントゲンを受けましたが、原因《げんいん》はわからないばかりか、痛《いた》み止めの注射《ちゅうしゃ》も座薬《ざやく》も、ほんの五分程度《ていど》しか効《き》かず、「痛《いた》い、痛《いた》い」と、のたうち回るので、お医者さんも困った様子でした。

さらに検査をということで入院《にゅういん》を勧《すす》められ、五時半頃、激痛《げきつう》の続く夫は救急から病棟《びょうとう》へ移されました。もう池田先生に電話するしかないと思い、大急ぎでかけましたが、出てもらえませんでした。※

しばらくして、二回目の電話には、帰られたばかりでしょう、息せき切って出て下さいました。

とりあえず、今までのいきさつを説明すると、「すぐにパワーを送りますから、受けて痛みのあるところに当《あ》て、元の健康《けんこう》な姿《すがた》を想《おも》って下さい。十五分後に電話を下さい」と言われました。

十五分経過《けいか》しました。

「今までより少しましかなと思える状態ですが、まだ痛むようです」

「そうですか。私はご主人様がよくなられるまでおつき合いさせていただきますが、この電話は病室の外の公衆《こうしゅう》電話からですか」

「はい」

「この電話を切られて、お部屋に戻られたら、ご主人様はもう痛みも取れて元気になっておられますよ」

半信半疑《はんしんはんぎ》で部屋に戻《もど》りました。

なんと、激痛でしかめっ面《つら》だった主人が、ベッドの上に座《すわ》りニコニコして「治った！　不思議やなあ」。二人でびっくりしました。

痛みから解放された主人は、すぐに気持ちのよい寝息《ねいき》を立てました。

そのことを、すぐまた池田先生に報告しました。「先生、ありがとうございます。治りました！　不思議《ふしぎ》ですネー」と申しましたら、先生は、

「治らない方が不思議ですヨ、よかったですネ」と一緒《いっしょ》に喜んで下さいました。

お医者さんも看護婦《かんごふ》さんも、みんな「エッ、なんでかしら」と、首をかしげていました。

どんな期間の入院が必要かと心配し、主人の勤務《きんむ》先、私の仕事先への連絡《れんらく》などい

ろいろ心配しましたが、その日だけの入院で退院《たいいん》できました。この痛みが取れなかったら、消化器《しょうかき》内科で検査入院、会社は休み、まして家を建てたばかりなので、周囲から何と言われるかなど、病気以外で心に暗いことをいっぱい考えましたが、すべてを一瞬《いっしゅん》で、解決《かいけつ》させていただきました。

守山《もりやま》から大津《おおつ》まで、琵琶湖《びわこ》を挟《はさ》んで遠く離れていても先生のパワーはすぐに届くということを目の当《ま》たりにし、大きな体験をさせていただきました。あれ以来、今日も元気にいつもと変わらず、主人は出勤《しゅっきん》させていただきました。本当に大きな素《す》晴《ば》らしいパワーをいただきまして、ありがとうございました。先生は、どんなに遠くにいらしても、どんなにお忙しい時でも、私たちメンバーの一人一人をいつも気にかけお守り下さっていることに、心から感謝させていただきます。主人ともども、先生の素晴らしい偉大《いだい》なパワーにただただ頭が下がる思いと感謝の気持ちでいっぱいです。ありがとうございます。これからも何卒《なにとぞ》よろしくお導き下さいますように、よろしくお願い申し上げます。

川崎美知子

※私は、この時間帯（朝四時～六時くらいまで）掃除《そうじ》する人のいない地下道やガード下の清《せい》掃奉仕《そうほうし》を永年《ながねん》続けていますので、電話に出られない時があります。

[体験記] 多額の借金苦から解放される

池田先生は、素晴らしい力があることを身をもって感じたことがあります。

今年に入って息子が会社のトラブルに巻《ま》き込《こ》まれて、大金の請求書《せいきゅうしょ》が私どものところへ来ました。会社に負債《ふさい》を何千万円も出したからと言って、詳《くわ》しい請求書もないままに、社長が訳のわからない書類《しょるい》を持って、強い口調《くちょう》で頻繁《ひんぱん》に家におしかけてきました。

市の相談所《そうだんしょ》や宗教《しゅうきょう》団体の先生、助けてくれそうなところに駆《か》け込《こ》み、事情を話すと、全部「法的処置《しょち》をとりなさい」と答えられるばかりでした。

「お金がないなら家を抵当《ていとう》に入れてまでも払《はら》うように」とお金の借《か》り方まで指図《さしず》され、ある時は、夜中近くまですごい剣幕《けんまく》でまくし立てるものですから、近所《きんじょ》の方々にまで迷惑《めいわく》をかけてしまいました。

事実関係もはっきりしないまま、恐怖が先立って請求額に応《おう》じて、「今夜相談しておきます」と返事をしてしまいました。

親戚《しんせき》にお金を用立ててもらおうと思い電話をしたところ、「池田先生に話したら良い方法があるかもしれない」と言って、池田先生に相談をお願いしてくれました。

先生は、親切に「これから私の言う通りに動いて下さい。お金は一円も払ってはいけませんよ。お金を払ったら、私はこの相談から身を引きますから絶対に払わないように」と約束させられました。

いろいろな指示《しじ》が出てその通り動くと、借金《しゃっきん》以外の家族の問題まで良い方に向いてきました。私が間違《まちが》えた行動をした時は素直《すなお》に謝《あやま》り、次の指示を待ちました。

問題は次々に解決していきました。

一カ月かかりましたが、一円の身出《みだ》しもなく、相手の機嫌《きげん》も損《そこ》ねず傷《きず》つけず、円《えん》満《まん》解決しました。現在は何も言ってきません。

日本の人口一億何千万人の中の一人、池田先生と出会わせていただきましたことを、うれしく思っております。

いろいろな難問題《なんもんだい》をすべて解決していただき、寒空《さむぞら》の下でも家を失うことなくわが家で過ごせる幸せを噛《か》みしめています。ありがとうございます。

平成九年十二月十日

速水浩一

［体験記］夫は気胸、新築に入れない

平成七年十二月十二日夕方、主人は出張で東京に行くことになっていたのですが、職場の人から、主人の顔色が悪いので保険証《ほけんしょう》を持って迎えに来るように、との連絡《れんらく》が入りました。

風邪《かぜ》でもひいたのではと思い、宮下医院で診《み》てもらったところ、宮下先生に、

「紹介状《しょうかいじょう》を書くから、すぐに市民病院に行くように」と言われました。

私は頭の中がクラクラして、市民病院に行く途中《とちゅう》、心配《しんぱい》で心配で足がガクガク震《ふる》えました。師走《しわす》の夕方、病院の廊下《ろうか》は薄暗《うすぐら》く、診察《しんさつ》を待つ間の不安は言いようのないものでした。看護婦さんが出てきて、

「入院していただきます」と言われました。

病名は「気胸《ききょう》」と聞かされました。

桔梗《ききょう》……。私は紫《むらさき》色の花を思い浮《う》かべました。

美しい病名もあるものだと思いましたが、肺《はい》に穴《あな》があいて出血して、非常に危険《きけん》な状態であると言われた時は、何と恐《おそ》ろしい病気かと自分の心臓《しんぞう》に穴があくくらい驚きました。

入院の準備に病院を少し離《はな》れた間に、主人の容態《ようだい》は悪化し、集中治療《ちりょう》室に運《はこ》ばれていました。レントゲン写真を見せて説明されても何もわかりません。今している処置《しょち》で良くなかったら滋賀医大《しがいだい》の方に移すと言われました。池田先生に、おすがりするしかありません。先生は、「不安な時は、いつでもお電話してきて下さい。良くなるようにお祈りしています」と言って下さいました。いても立ってもおられず、何度も電話しましたが、先生は、真夜中にも電話に出て下さり、とうとう朝まで一緒にお祈りして下さいました。おかげさまで市民病院から移動せずにすみました。その後も予断《よだん》を許《ゆる》さない状態が続きましたが、池田先生よりいろいろご指導《しどう》をいただき、主人が良くなれるのだったらと、必死で頑張《がんば》りました。

お忙しい中、お見舞《みま》いにもたびたび来ていただきました。主人は初対面《しょたいめん》なのに、池田先生のお見舞いをとても喜びました。

池田先生は、その都度《つど》、主人との会話がはずむよう気遣《きづか》い、いろいろな物を持ってきて下さいました。

その年の暮《く》れは、例年になくよく雪が降りましたが、そんな中をも来て下さいました。

先生が見舞って下さるごとに快方《かいほう》に向かい、集中治療室から個室、大部屋に移って約半月後の二十九日には外泊《がいはく》の許可《きょか》が出て、家でお正月を迎《むか》えることができました。

年が明けると、あとは様子を見るためにと四日に病院に戻《もど》りましたが、十日には退院できました。ＫＡＣのメンバーに入れていただいてから、正しい希望は叶えられることを学びました。

狭《せま》かった家を処分《しょぶん》し、日当《ひあ》たりの良い角地《かどち》に希望通りの家を建て、竣工間近《しゅんこうまぢか》だった時の主人の病気だけに、周囲の方々にもずいぶんご心配をおかけしてしまいました。

主人が短期間で快復《かいふく》してくれて、家も完成し、いよいよ入居《にゅうきょ》という段階《だんかい》になって、前々から資金面で保証人《ほしょうにん》になってあげると約束してくれていた人が、主人の病気が生命にかかわると思ったのでしょうか。この場におよんでの断りです。主人の入院中にも「保証人のことでお世話になります」とお願いした時、「それは退院してから……」と答えられたので少し変だなあとは思わないでもなかったのですが、やはり、固《かた》い約束もひっくり返ってしまいました。目の前に、新築《しんちく》の家がありながら、保証人がないと銀行が動いてくれない、仮住《かりず》まいの家は契約《けいやく》が切れて出なければならない。

保証人になってあげると言ってもらったから建てた家でした。一番信じていた人だったのに、辛《つら》く、悔《くや》しく、悲しくて今度は自分が病気になるのかと思うくらい、夜も眠《ねむ》れませんでした。

真理では、人を責《せ》めてはいけないと教えられながらも、真理なんかどうでもいい、真理なんか忘れてしまったかのように心が荒《あ》れました。

そんな私も頼《たよ》るところは、やはり池田先生でした。先生が先生のご主人に私の家の事情《じじょう》を伝えておいて下さって、元気になった夫と一緒にお訪《たず》ねすれば事足《ことた》りるだけにご配慮《はいりょ》下さっていました。

その時のうれしさは今もって言葉や文字で言い表わせません。

おかげさまで無事引っ越しすることができました。その年の二月、人様《ひとさま》のお役に立てる家を希望して新築したわが家で、この地域の第一回真話会（真理の勉強会）を開いていただくことができました。

以前、私はひどい頭痛《ずつう》もちで、痛みがひどくなると吐き気《はけ》、めまいがして救急車のお世話になるほどでしたが、真理を知ってからは、それもなく明るく健康になりました。

毎日の生活が喜びと感謝です。

こんな幸せをほかの人にも知っていただきたいです。先生のお導きに感謝です。いつまでも先生のおそばに置いて下さい。

森本美佐江

［体験記］大腸ポリープと長男の就職

このたびは本当に主人を助けていただきましてありがとうございました。

六月一日に入院いたしました時から、お腹《なか》を切らなければならないと聞いておりました。

池田先生がおっしゃって下さった「真幸の歌《ことば》」の、胃、内臓《ないぞう》のところの言葉を毎日何度も何度も言っておりました。

ノートにも写《うつ》し、何回も読んでおりました。

この二点にわずかの希望をかけておりました。言葉は神なりとお教えいただいていた通り、お腹を切らずに肛門《こうもん》から管《くだ》を通し処置ができ、「大きかった腫瘍は小さくなっていて、小さかったものは消えていた。不思議なことがある」と病院の先生に言われ、こんなに早く退院することができました。

本当にありがとうございました。どれだけ心の支えになりましたことかわかりません。

それから長男の就職《しゅうしょく》の件でも、良い助言《じょげん》をいただきましてありがとうございました。失業率《しつぎょうりつ》が高く就職難の時ですのに、本人の希望する会社の内定《ないてい》をいただき、重ね重ねお礼申し上げます。

これからも何かとよろしくお願い申し上げます。まずはお礼まで。

六月十八日

稲田信子

おわりに

「雨ニモ負ケズ、風ニモ負ケズ、ソシテ夏ノ暑サニモ負ケヌ」とか、「雨ニモ負ケテ、風ニモ負ケテ」とかの両極端《りょうきょくたん》にならなくてよいのです。

雨が降る日は、洗濯《せんたく》より種播《たねま》きがよいでしょう。風が吹いている日、子どもだったら凧《たこ》揚《あ》げをし、夏の暑い日には若者だったら海に行くという、与えられた条件《じょうけん》や環《かん》境《きょう》を生《い》かしながら、自分たちを最も生かせる暮《く》らしをするのが無理なく合理的です。だから、「雨ニモ合ワセ」傘《かさ》を持ち、「強風ニモ合ワセ」窓《まど》を閉め、波の高さに合わせて船を出すなど、周囲と合わせると災害《さいがい》にも遭《あ》わずにすませられるのです。

「雨ニモ合ワセ、風ニモ合ワセ、ソシテ自分ノ甲斐性《かいしょう》ニモ合ワセテ」

自分の使命《しめい》がよく理解できれば、その時その場において精一杯《せいいっぱい》、明るく楽しく努力すればよいだけです。

自然に対して調和するだけでなく、人に対しても、特に家族の一人一人の気持ちに合わせて生活すると、間もなく家族から争《あらそ》いが消え、信頼《しんらい》という絆《きずな》でしっかり結ばれます。

「真理は汝《なんじ》を自由ならしめん」と断言《だんげん》されていますように、悩みを解決し、健康、繁栄《はんえい》を約束されてはいますが、世界平和と幸福のためには人種、国境を超え、すべての人が真理を学び実践《じっせん》する必要があります。

それは、全人類が交通法規《ほうき》を守れば、事故もなく、車はスムーズに流れ、目的の場所に短時間で到着するのと同じことです。事故なくスムーズに行くことは、自分だけで達成できるものではありません。この本を読んで下さったあなたが、すぐに真理を実践《じっせん》して下さったなら、お隣《となり》のお友達は、きっとお尋ねになるでしょう。

「あなたは、あなたのご家庭は、どうして、そんなにお幸せなの」と。

「人生の宝庫《ほうこ》を開けるキー、真理をお伝えします」とお答え下さい。真理は永遠に変わることのない大きな力です。

最近の悲惨極《ひさんきわ》まりない殺傷《さっしょう》事件。「殺す相手は誰でもよかった。体験してみたかった」という動機の殺人犯の青少年に対して、テレビの解説者《かいせつしゃ》は「親の愛情不足が原因」などと言いますが、それだけでは片づけられないと思うのです。

ひきこもりを始めた少年に、親はその子を思って高価なパソコンを買い与えたところ少年の症状《しょうじょう》はさらにひどくなったりした例もあります。せっかく持っていた愛情が、病気が重くなる方向に注《そそ》がれたことになります。

「人を見て法を説《と》け」「人を見て与える愛情を表現せよ」ということです。厳《きび》しさも愛情。一生懸命《いっしょうけんめい》のなかに正しさがないと、それは不幸へまっしぐらということになってしまいます。

幼児虐待《ようじぎゃくたい》や学級崩壊《がっきゅうほうかい》、青少年やストーカーによる残忍《ざんにん》な犯行が、結果で対処されるのではなく、原因のところで対策や教育がなされるようにと願っています。

みんなでもう一度、かわいい子から高齢者まで、安心して一人旅のできる治安のよい日本の再現に努めましょう。

一人ひとりが使命を自覚し、一日一日を大切に、喜びと感謝を表現し合える社会になることを切望《せつぼう》しています。

本書には、たくさんの方の体験から、できるだけ内容の重複《ちょうふく》しないものを選んで載せました。　紙幅の制約もあり、また、精神的な病気の回復、本人が癌であることを知らずに治った、若い恋人《こいびと》と家出していた夫が帰ってきた、盗難癖《とうなんぐせ》が直ったなどの体験は、いかに解決したとはいえ、ご家族、ご本人の今後のことを考え、載せるのに不適当として扱いませんでした。

文中、今まで拝読《はいどく》した本の中で、感銘《かんめい》を受けた文を引用させていただいたり、お名前を拝借《はいしゃく》いたしました。ありがとうございました。

自然写真家としてご活躍の今森光彦氏ご一家・ご親戚・ご友人からのお手紙をそのまま掲載させていただきました。体験者方々のお手紙もたくさん応援になりました。お礼申し上げます。ありがとうございました。

今回は二〇一八年、十余年一緒に暮らした保護ネコが死に火葬して九ヶ月ぶりに我が家に帰ってきた、驚きの体験実話『おかえりチャトラ』の出版に良いご縁を頂きました東京図書出版からの刊行です。社長始め皆様にご配慮あるご支援ご指導を賜りましたことを心より感謝を申し上げます。誠にありがとうございました。

二〇二四年一月

池田志柳

池田　志柳（いけだ　しやぎ）

1943年生まれ
滋賀県守山市在住
詩人・真理研究者

幼児から成人までのカルチャースクールを公民館や自宅で開き33歳から69歳まで講師・70歳からは自由学習（要予約）に自宅を開放

ユニセフ・日本赤十字他への活動支援は35年以上継続
紺綬褒章他多数受賞

【著書】
詩 の 部『白い詩』
真理の部『人生を変える「真理《まごころ》」の法則』
『大好転　あなただけの金メダルを』
『おかえりチャトラ』他

人と生まれて　人間の使命

2024年２月26日　初版第１刷発行

著　　者　池 田 志 柳
発 行 者　中 田 典 昭
発 行 所　東京図書出版
発行発売　株式会社 リフレ出版
〒112-0001　東京都文京区白山 5-4-1-2F
電話（03）6772-7906　FAX 0120-41-8080
印　　刷　株式会社 ブレイン

ISBN978-4-86641-730-1 C0095
Printed in Japan 2024